AF550631

ŞEYDA KURT

RADIKALE ZÄRTLICHKEIT

WARUM LIEBE POLITISCH IST

HarperCollins

12. Auflage 2025
Originalausgabe

Valentinskamp 24 · 20354 Hamburg
info@harpercollins.de
Gesetzt aus der Chaparral Pro und der Bungee Inline
von Pinkuin Satz und Datentechnik, Berlin
Druck und Bindung von CPI books GmbH, Leck
Printed in Germany
ISBN 978-3-7499-0114-2
www.harpercollins.de

INHALT

Want to know you better
Want to push you, baby
But never too far

– No Angels,
»Daylight in Your Eyes«

EINLEITUNG

WARUM LIEBE POLITISCH IST. UND WARUM ZÄRTLICHKEIT RADIKAL SEIN MUSS

Dieses Buch gründet auf einem Unbehagen. Manchmal rumort es, manchmal tobt es. Mal klagt das Unbehagen, mal schweigt es. Doch es verschwindet nie. Es macht sich unerwartet beim Blick auf die Nachrichten bemerkbar. Und manchmal beim Blick auf ein vergessenes Kindheitsfoto. Das Unbehagen und ich, wir sind uns schon länger bekannt.

Als Journalistin schreibe ich über Kunst und Kultur, über Innen- und Außenpolitik, über Diskriminierung und Ausbeutung, (Anti-)Rassismus, Kolonialismus und Feminismus. Ich schreibe, weil ich das Erzählen mancher Geschichten und Perspektiven, aber auch jener Analysen, die all diese Netze verweben, für unerlässlich halte. Ich schreibe, weil mich die Welt zutiefst beunruhigt. Buchstaben machen die Unruhe für mich fassbar. Und ich schreibe, weil ich Veränderung will.

Ein Unbehagen, das ich vor langer Zeit zu spüren begann, betrifft die etablierten Wahrheiten der Liebe. Kurz vor meinem Abitur trennten sich meine Eltern. Ich war erschüttert. Und ich versuchte die zurückgebliebenen Bruchteile meiner Gefühle neu und sinnvoll zu ordnen. Ich begann die Erwartungen, die an mich als Tochter, Partnerin, Frau, rassifizierte Frau, Frau aus einer Arbeitendenfamilie mit vorgeschobenem Dies-und-jenes-Hintergrund gerichtet wurden, neu zu verhandeln. Manche nahm ich an, andere wies ich ab. Ich arbeitete mal auf brüchigem Boden, mal mit ausholenden Schritten an Beziehungen, die auf Fairness und Gleichheit fußen sollten – und tue es immer noch. Und irgendwann auf diesem Weg verabschiedete ich mich von der Monogamie.
Doch das Unbehagen bleibt.

In diesem Buch verknüpfe ich all diese Themen, die mich seit vielen Jahren als Journalistin umtreiben, mit den Wahrheiten und Lügen der Liebe – und mit meinen eigenen Erfahrungen. Denn vor einiger Zeit merkte ich, dass ich lange selbst in die Falle getappt war, meine Beziehungen aus meinen politischen Überlegungen herauszuhalten. Und damit bin ich nicht alleine. Trotz der Impulse der feministischen #MeToo-Bewegung aus den letzten Jahren und der Kritik an diskriminierenden und ausbeuterischen Verhältnissen schließen selbst viele Feminist*innen insbesondere die Sphäre der romantischen Zweierbeziehungen aus diesen Verhandlungen viel zu häufig aus.

Was »romantisch« überhaupt bedeuten soll? Puh. Das ist ein Wort, an dem ich mich in diesem Buch ziemlich abarbeite. Aber so viel sei vorweggenommen: Ich verstehe *romantisch* als ein historisch gewachsenes Konzept, das die Beziehung von zwei Menschen zueinander normieren will. In unserer Gesellschaft kommt der romantischen Beziehung – zumal in Hetero-Kon-

stellationen – ein Vorrang zu. Eine romantische Beziehung wird als exklusiv, meist monogam und sexuell verstanden.
Andere Konzepte von Intimität, etwa Freund*innenschaften, werden im Gegensatz zur romantischen Beziehung häufig als weniger erstrebenswert betrachtet. Während die meisten bei dem Gedanken an romantische Beziehungen grundsätzlich davon ausgehen, dass die Partner*innen auch Sex haben, sprechen sie Freund*innenschaften sexuelle Intimitäten ab. Somit lebt das Konzept der romantischen Beziehung von gewissen Abgrenzungen und Polarisierungen, die viele oftmals unhinterfragt hinnehmen.

Viel zu selten sprechen wir darüber, wie unser Miteinander anders sein könnte. Vielleicht weil wir zu oft davon ausgehen, dass das Verständnis dafür, etwa für das Phänomen der Liebe und Freund*innenschaft, in uns eingepflanzt ist und nicht zur Neuverhandlung steht. Als gäbe es eine Mechanik der Umgangsformen, die wir nur ab und an mit ein paar Küssen und Worten ölen müssten. Viele denken, weil wir Menschen seien, wüssten wir automatisch, wie wir einander zu begegnen hätten. Doch wenn ich mir einer Tatsache sicher bin, dann dass wir imstande sind zu *erkunden*, wie wir einander begegnen *wollen*. Und diese Angelegenheit ist höchst politisch.

»Politisch ist alles, was mit Begegnung, Reibung oder Konflikt zwischen Lebensformen, Wahrnehmungsweisen, Sensibilitäten, Welten zu tun hat, sobald dieser Kontakt einen gewissen Intimitätsgrad erreicht hat«[1], schreiben die Autor*innen des Unsichtbaren Komitees in ihrer Streitschrift *Jetzt*. Reibungen und Konflikte entstehen dort, wo Bedürfnisse und Interessen aufeinanderstoßen. Und infolgedessen stellt sich die Frage, wer imstande ist, sich für diese Bedürfnisse starkzumachen, wer die Möglichkeit hat, diese zu realisieren. Die Frage nach den Möglichkeiten ist immer politisch. Und die Frage nach den Möglichkeiten eines jeden Menschen ist immer die Frage nach Macht und Ohnmacht.

Ich behaupte, dass wir in einer Gesellschaft leben, in der mächtige Institutionen, Gesetze und das zirkulierende kollektive Wissen unermüdlich daran arbeiten, manche Wahrheiten aufrechtzuerhalten. Auch die Wahrheiten der Liebe. Es sind Wahrheiten, die über unsere Körper herrschen sollen und in ihrem Kern von patriarchalen, rassistischen und kapitalistischen Logiken zusammengehalten werden. Es sind hierarchisierende Muster, die sich tief in die Textur unseres Denkens und Fühlens eingefressen haben. Und sie äußern sich darin, wie wir miteinander kommunizieren. Wie wir einander berühren, ob und wie wir einander schützen. Ich sehe das und erlebe das, auch in meinen eigenen Beziehungen zu anderen Menschen, seien sie sexuell, romantisch oder freund*innenschaftlich.
Eine der gefährlichsten Wahrheiten ist, dass mein Verhältnis zu mir selbst und zu anderen Menschen eben nicht politisch sei. Dass es sich um eine rein private, individuelle Angelegenheit handle, für die ich mich allein verantwortlich zeichne.

Romantische Zweierbeziehungen wie traditionelle Kernfamilien sind dabei so häufig Räume von (Macht-)Missbrauch, weil sie sich als vermeintlich rein private Sphären dem Öffentlichen entziehen. Und weil gefährdete Menschen in gefährlichen Beziehungen auf diese Weise auf sich gestellt bleiben. Ich möchte nicht falsch verstanden werden: Es geht mir nicht darum, dass andere sich ungefragt in meine Beziehungen, in meine Intimsphären einmischen sollen. Aber ich kritisiere den Starrsinn von Logiken, die nur zulassen, zwischen zwei angeblich konträren Polen entscheiden zu können: auf der einen Seite die vermeintlich absolute Freiheit des Privaten und auf der anderen Seite der absolute Zwang des Politischen. Das ist nicht nur absoluter Quatsch, sondern auch eine verkürzte Analyse. Die Politisierung von Beziehungen nimmt uns nicht unbedingt Handlungsräume weg. Ganz im Gegenteil: Sie eröffnet Handlungsräume, weil wir Muster und Machtstrukturen erkennen, die uns gewisse Rollen zuweisen und uns in diesen Rollen gefangen halten.

Denn was folgt aus der Erkenntnis, dass Beziehungen politisch sind? Daraus folgt, dass sie veränderbar sind, genauso wie Politiken veränderbar sind. Und genau das macht jenen, die von der Ohnmacht anderer profitieren, Angst. Sie haben Angst vor der Forderung nach einem Miteinander auf Augenhöhe. Sie haben Angst vor der Forderung nach Zärtlichkeit, wie ich sie verstehe.

Im Haupttitel meines Buches ziehe ich den Begriff der Zärtlichkeit dem Begriff der Liebe vor. Warum? Zärtlichkeit und Liebe sind beides Substantive. Doch mir scheint es, dass dem Wort der Zärtlichkeit eine direktere Aufforderung zugrunde liegt – die des tatsächlichen Zärtlichhandelns. Ich sehe Zärtlichkeit dort, wo Menschen zärtlich zueinander sind, ganz konkret, und diese Zärtlichkeit kann viele Formen haben. Doch immer ist sie von einem Handeln geleitet: ein Sprechen, ein Schauen, eine Bewegung, die – je nach Absprache – nicht immer unbedingt sanft und behutsam sein muss. Es geht um ein Handeln, das einem anderen Menschen zuspielt, mit ihm spielt, bejahend und produktiv, ohne ihm schaden zu wollen. Bei Zärtlichkeit denkt kaum jemand an Gewalt.

Daher ist die Zärtlichkeit mein Ausgangspunkt und mein Ziel. Mit gängigen Konzepten von Liebe – und damit meine ich insbesondere jene der romantischen – verhält es sich in unserer Gesellschaft oftmals anders. Mit diesen Konzepten beschäftige ich mich, wie der Untertitel meines Buchs verrät, auf dem Weg zu einer neuen Idee von Intimität. Jede*r kennt die Erzählungen von romantischer Liebe als *Drama*, *Hölle*, *Kampf*, *Schmerz* oder als ein *gewaltvolles Naturereignis*, dem wir uns beugen und ausliefern müssen – gerade als weibliche Personen –, auch wenn die Konsequenzen uns zerstören mögen.

Filme und Bücher erzählen von *der* Liebe, selbst wenn sich die vermeintlich Liebenden bekriegen und verletzen, selbst wenn sie sich egoistisch und gewaltvoll verhalten. Und all diese Erzählungen von der romantischen Liebe als Krieg und Kreuzzug gibt es in unserer westlich-europäischen, kapitalistischen Kultur, in deren Gegenwart die koloniale und nationalsozialistische Geschichte dieses Landes konserviert ist, nicht ohne Grund. Sie existieren, weil *weiße* bürgerliche cis Männer in den letzten Jahrhunderten Gewalt und Macht und infolgedessen Zeit und Muße hatten – jedenfalls mehr Zeit und Muße als etwa ihre Frauen und Bediensteten, deren Arbeitskraft sie im Haushalt und anderswo ausbeuteten –, die romantische Liebe in dieser Form zu imaginieren. In diesen Erzählungen lassen sich über Jahrhunderte hinweg gewachsene vergeschlechtlichte, rassifizierte und andere Herrschaftsverhältnisse und Rollenverteilungen nachspüren. Wer ist aktiv, und wer bleibt passiv? Wer leidet, und wer triumphiert?

Dass die Sphäre der romantischen Liebe dennoch selbst in feministischen Diskursen weitestgehend ausgeklammert wird, wie ich feststellte, ist keine originelle Beobachtung. Sie ist so alt wie feministische Bewegungen selbst. Für die Arbeit der Autorin bell hooks war und ist das Ausfüllen dieser Leerstelle ein zentrales Anliegen. Im Jahre 2000 schrieb sie ihren visionären Bestseller *All About Love – Alles über Liebe*. Zwar gelingt es dem Buch selbstverständlich nicht, *alles* über Liebe zu erzählen.

Doch *alles* in diesem Buch handelt von Konzepten der Liebe, Zuneigung und Gemeinschaft. hooks schreibt über (männliche) Macht, Ehrlichkeit, Kapitalismus, Rassismus und entwirft letztlich eine Ethik der Liebe, die sie in ihren Büchern *Salvation* (2001) und *Communion* (2002) weiter vertieft. hooks feinfühlige Analysen sind für mein Buch unentbehrlich.

Auch die in Israel lehrende Soziologin und Autorin Eva Illouz beobachtet, dass die feministische Revolution nicht nur nötig und heilsam, sondern auch unvollendet sei: Sie habe eine Quelle des Unbehagens hinterlassen und »die männliche und weibliche Sehnsucht nach Liebe und Leidenschaft«[2] nicht erfüllen können. Laut hooks hat sie sogar zuweilen genau das Gegenteil bewirkt. Feminist*innen hätten den Eindruck, dass ihre Sehnsucht nach Liebe antirevolutionär oder uneffektiv sei. »Um ein ausgeglichenes Leben zu führen, sollte sich keine Frau dazu gezwungen fühlen, die Bedeutung der Liebe zu verleugnen«[3], schreibt hooks. Das stimmt. Und es stimmt für alle Geschlechter.

Ist das Fazit also: Feminist*innen (und andere), wir brauchen mehr Liebe?! Und dann ist die Revolution vervollständigt?! Ich denke: Nein.

Ich streite nicht ab, dass viele Menschen – und dazu gehöre auch ich – ein tiefsitzendes Bedürfnis nach Gemeinschaft und Nähe haben. Und doch ist die Frage, wer was im Leben braucht, eine höchst individuelle Angelegenheit. Nicht alle Menschen etwa sehnen sich nach romantischer Liebe. Manche sehnen sich nach Freund*innenschaft. Andere nach Verbindung unterschiedlichster Art.

Ich etwa glaube nicht an eine Natur der (romantischen) Liebe, die unterdrückt wird und befreit werden muss – und schon gar nicht glaube ich an eine Sehnsucht nach romantischer Liebe,

die per se männlich oder weiblich ist. Ich glaube an eine Vielfalt der Bedürfnisse und Zärtlichkeiten, die unterdrückt und vereinheitlicht werden.
Und Liebe oder Zärtlichkeit allein vervollständigen keine Revolution. Zärtlichkeit allein ändert nichts an rassistischen, sexistischen oder kapitalistischen Strukturen, Besitz- und Produktionsverhältnissen, Gesetzen und Normen, die Menschen diskriminieren, sie ausbeuten, ihre Körper verletzen und zerstören. Die Welt wird nicht allein dadurch besser, dass ich in meinem nächsten Umfeld faire und zärtliche Beziehungen führe. Es muss um Solidarität mit anderen Menschen gehen, die über meine Partner*innen- oder Freund*innenschaft hinausgeht.

Dieser Gedanke beschäftigte mich im Frühling 2020 mehr denn je. Nicht nur, weil ich an meinem Buchmanuskript schrieb. Sondern auch, weil die sogenannte Coronakrise erneut drastisch vor Augen führte, wie gefährlich für viele Menschen unser gesellschaftliches System ist, in dem sich einige in Krisensituationen ins wohlbehütete Heim zurückziehen und andere – gerade jene in schlecht bezahlten, sogenannten systemrelevanten Berufen – unbezahlte Überstunden schieben mussten, damit diese fragilen Strukturen nicht endgültig zusammenbrechen. Unser Gesellschaftssystem funktioniert nur, weil es auf Ungleichheit beruht. Und daher bin ich mir des großen Privilegs bewusst, dass es hauptsächlich dieses Buch war, das mir in diesen Monaten schlaflose Nächte bescherte.

Die politische Krise im Zuge der Pandemie hat bewiesen, mit welcher Gewalt und Ignoranz viele beschworene Normen in unserer Gesellschaft Menschen ausschließen: die Norm, ein Zuhause zu haben. Die Norm, ein Zuhause zu haben, das Schutz bietet. Die Norm, für sich und andere Menschen sorgen zu können. Die Norm der Familie und Partner*innenschaft. Die Norm der Kernfamilie als sicherer Hafen.

Ende 2020 schlugen Opferverbände wie der *Weiße Ring* Alarm: Im Zuge der Ausgangsbeschränkungen verzeichneten sie zehn Prozent mehr Fälle von (sexualisierter) Gewalt in häuslichen Räumen. Und sie gehen davon aus, dass diese Zahlen steigen werden.[4]

Etwa gleichzeitig wurde von queeren Menschen Kritik an den Regelungen in vielen Bundesländern zur Kontaktbeschränkung an Weihnachten laut: Wenn Menschen nur mit ausgewählten Personen aus ihrem nächsten Familienkreis feiern dürfen, was gilt dann als Maßstab für diese Form der Verbindung? Blutsverwandtschaft – so ganz archaisch? Was ist, wenn ich die Feiertage nicht mit dem grantigen Naziopa, sondern mit meiner besten Freundin verbringen will, mit der ich mein Leben teile? Was ist mit selbst gewählten Familien, Lebensgemeinschaften, die sich der traditionellen Verbindung durch Blutsverwandtschaft und Ehe entziehen?

Diese Beispiele bringen mich zu meinem ursprünglichen Gedanken zurück. Wenn also die romantische Beziehung und bürgerliche Kernfamilie in unserer Gesellschaft immer noch die Norm schlechthin ist, bleibt doch die Frage: Wer ist aus dieser Norm ausgeschlossen? Und auch für alle anderen Formen von Intimitäten gilt: Wer verfügt über die zeitlichen Ressourcen für Ruhe, Hingabe und Nähe – ob in Pandemiezeiten oder nicht, seien sie körperlicher oder anderer Art? Welche Körper können sich ungefährdet in unserer Gesellschaft bewegen, welche von ihnen sind geschützt? Welche werden begehrt? Wer muss andere Menschen nicht fürchten? Wer kann sich selbst ertragen?

Ich möchte also Zärtlichkeit nicht nur in meinen Beziehungen leben, sondern darüber hinaus ihre Bedingungen hinterfragen. Denn wer nur über Zärtlichkeit spricht, aber zu der Gewalt außerhalb der eigenen Beziehungen schweigt, kann gleich mit dem Naziopa einen Skiurlaub in Ischgl planen.

Das Ziel kann nicht einfach nur Zärtlichkeit sein. Ich will konsequenter denken. Es muss um *radikale Zärtlichkeit* gehen. Ich verstehe radikale Zärtlichkeit als ein Programm der Gerechtigkeit. Eine Gerechtigkeit der Zärtlichkeit in der eigenen Beziehung, den scheinbar privatesten Spielräumen und darüber hinaus, gibt es nur dann, wenn sie für alle gilt.
Doch warum warte ich nicht eine Weltrevolution ab, um dann neu über Freund*innenschaften, Familien und andere Formen der Zärtlichkeit zu verhandeln? Warum schreibe ich dann überhaupt ein Buch über Zärtlichkeit? Und das auf über 200 Seiten! Nun, weil erstens – wie auch andere Autor*innen vor mir anmerkten – die Weltrevolution ein wenig auf sich warten lässt. Und zweitens: Auch wenn wir keine gerechte Gesellschaft schaffen, indem wir allein andere Beziehungen führen, wird diese Welt doch niemals eine gerechte sein, wenn wir nicht lernen, anders miteinander umzugehen und auch in unseren Beziehungen Machtverhältnisse zu reflektieren.

Es geht also um Gleichzeitigkeiten. Es geht um die Gleichzeitigkeit von Zärtlichkeit und Radikalität. Es geht um die Gleichzeitigkeit von Fairness im Privaten und Gerechtigkeit im Politischen. Und darum, dass diese Grenzziehungen irgendwann nicht mehr notwendig sind. Auf den Blick in die Vergangenheit und Gegenwart folgt in diesem Buch daher zwangsläufig ein Blick in die Zukunft. Radikale Zärtlichkeit ist das Eingeständnis der Notwendigkeit von Visionen, die politisch und vielfältig zugleich sind.

Dieses Buch wird weder Beziehungstipps liefern noch einfache Lösungen. Mit diesem Unbehagen müssen wir alle leben. Auch ich. Denn mein Unbehagen ist während des Schreibens nicht kleiner geworden. Außerdem hat sich noch ein anderes Gefühl eingestellt: das des Unwohlseins darüber, dass Autor*innen wie ich, die nicht einer dominanzgesellschaftlichen Norm (*weiß*, christlich, cis männlich) entsprechen, oft aus einer Betroffenheitsperspektive erzählen – oder erzählen müssen, um ihrer Expertise wiederum Gültigkeit und Gewicht zu verleihen. Diese Strukturen führen zu weiteren Marginalisierungen, weil diese Autor*innen sich selbst in ihren eigenen Texten als anders, als abweichend erzählen. Auch ich tue das in diesem Buch. Dass ich in dieser Position bin, macht mich oft wütend.
Gleichzeitig ist das, was ich weiß und was ich in diesem Buch erzähle, das vorläufige Ergebnis meiner Subjektivität im Rahmen gesellschaftlicher Strukturen. Und genau das ist ja meine Kernaussage: Das Persönliche ist politisch! Und woran könnte ich das stichfester zeigen als an meiner eigenen Perspektive? Oder zumindest, indem ich mit ihr beginne?

Das ist nur einer der Widersprüche, die ich in diesem Buch aushalten muss und die mich weit über dieses Buch hinaus beschäftigen. Als ich begann dieses Buch zu schreiben, wusste ich nicht, wohin mich meine Gedanken führen werden (auch wenn ich meinen Verlag vom Gegenteil überzeugte). Ich folgte lediglich dem Unbehagen. Zum ersten Mal schrieb ich, ohne zu wissen, wo ich am Ende rauskomme. Ich versuchte eigene Fragen, Zweifel und Widersprüche zuzulassen. Das war aufregend. Und neu. Und das ist es immer noch.

Was kommt nach der Entzauberung, wenn das Heilige und Transzendente der romantischen Liebe, wie wir sie gelernt haben, verschwunden ist? Dann kommt vielleicht die Unordnung.

Und es kommen die ganzen Widersprüche. Das ist vielleicht das Einzige, das ich wusste, als ich zur ersten Seite dieses Buchs ansetzte: Ich will Unordnung stiften. Oder zumindest ein Unbehagen.

KLEINES GLOSSAR DER KOMPLIZIERTEN BEGRIFFE

Liebe Lesende,

die Welt ist kompliziert. Und manchmal gebrauche ich komplizierte Begriffe, um sie zu beschreiben. Damit Sie mir auf diesem Weg des Unbehagens folgen können, möchte ich vorab einige Begrifflichkeiten klären, die in diesem Buch maßgeblich die Fahrtrichtung mit vorgeben.

Rassismus / Sexismus und andere Ismen: Ich verstehe Rassismus oder Sexismus nicht als ein individuelles Problem aufgrund von Vorurteilen. Es sind historisch gewachsene Ordnungssysteme, also Systeme, die unseren Blick auf uns selbst und auf andere Menschen ordnen und strukturieren. In diesen Ordnungen werden Menschen – durch Gesetze, Institutionen, Normen etc. – je nach Körpermerkmalen, Geschlechtszuschreibungen, Herkunft und anderen Eigenschaften soziale Rollen zugewiesen. Und das von Geburt an. Diese Ordnungssysteme funktionieren nur, weil sie hierarchisch sind, also weil manche Menschen qua bestimmter Eigenschaften systematisch bevorzugt oder benachteiligt werden und ein Machtverhältnis zwischen Menschen etabliert wird. Auch unser kulturelles Wissen, das (etwa auch durch die Wissenschaften) von Generation zu Generation weitergegeben wird, ist Teil dieser Strukturen. Klingt abstrakt und kompliziert? Ja, das ist es. Und ich hoffe, dass diese Sätze im Laufe des Buchs eine konkrete Gestalt annehmen.

rassifiziert: Ich möchte in diesem Buch Formulierungen wie »Migrationshintergrund« oder »Einwanderungsgeschichte« vermeiden, die oft im Zusammenhang mit Menschen, die in unserer Gesellschaft Rassismus erfahren, bemüht werden. Das liegt daran, dass sie bei dem Thema Rassismus nicht den Kern der Sache treffen. Auch niederländische Menschen haben einen Migrationshintergrund, aber sind in Deutschland nicht in demselben Maße von Benachteiligung und rassistischem Terror bedroht wie zum Beispiel Menschen mit Einwanderungsgeschichte aus etwa Nordafrika, Westasien oder wie Schwarze Menschen. Letztere leben teilweise sogar seit Jahrhunderten in Deutschland. Ich bevorzuge daher den Begriff *rassifiziert*. Warum? Erstens: weil sich Rassismus als Ordnungsschablone Menschen aufzwängt. Sie werden also rassifiziert, indem ihnen vermeintlich unveränderbare Zugehörigkeiten zu Gruppen zugeschrieben werden, weil sie auf eine bestimmte Art und Weise aussehen oder sich verhalten. Infolgedessen werden sie hierarchisiert. Dieses System der Stereotypisierung zielt jedoch nicht lediglich auf Menschen mit Einwanderungsgeschichte ab. Es trifft unterschiedliche Gruppen, die gewissen Normen nicht entsprechen – aufgrund von Hautfarben und anderen körperlichen Merkmalen, aber auch aufgrund von Kleidung und Religiosität. Zweitens: Der Begriff betont, dass es bei Rassismus nicht um eine Biologie angeblich unterschiedlicher Rassen geht, sondern dass diese Kategorien kulturell und historisch erwachsen sind.

Schwarz: Der Begriff ist eine aus antirassistischen Widerstandspraktiken erwachsene Selbstbezeichnung von Menschen afrikanischer oder afrodiasporischer Herkunft. Daher schreibe ich *Schwarz* auch immer mit großem Anfangsbuchstaben. Das soll auch verdeutlichen, dass es sich dabei nicht um eine faktische Beschreibung einer Hautfarbe handelt, sondern um eine gesellschaftliche Position, die in global wirkenden, rassistischen Gefügen diesen Menschen zugeschrieben wird. Oder wie es die Autorin und Antidiskriminierungsexpertin Tupoka Ogette beschreibt: »›Schwarzsein‹ bedeutet, dass Menschen durch gemeinsame Erfahrungen von Rassismus miteinander verbunden sind und auf eine bestimme Art und Weise von der Gesellschaft wahrgenommen werden.«[5]

weiß: Auch beim Weißsein geht es nicht um die Beschreibung einer tatsächlich weißen Hautfarbe. Niemand ist weiß wie ein weißes Blatt Papier. Es geht bei der Bezeichnung um eine soziale Position in der hierarchischen, rassistischen Ordnung – und zwar weit oben. Es ist eine Zuschreibung aufgrund der Herkunft und der Erscheinung, die es in unserer Gesellschaft Menschen erlaubt, nicht als weniger wertvolle *Andere*, *Fremde* oder *Normabweichende* wahrgenommen zu werden. Darum schreibe ich *weiß* auch kursiv, um zu betonen, dass es sich auch hierbei um eine gesellschaftliche Konstruktion handelt, die anpassungs- und wandlungsfähig ist.

Dominanzgesellschaft: Oft wird in Debatten um Diskriminierung der Begriff der Mehrheitsgesellschaft bemüht, um etwa jene Mehrheit der Gesellschaft zu bezeichnen, die *weiß* und christlich ist, und somit nicht von Rassismus oder Antisemitismus betroffen. Ich finde den Begriff problematisch, da er vorgibt, dass politische Ungleichheiten in Gesellschaften Fragen von Mehrheiten und Minderheiten sind und nicht auch von Macht- und Herrschaftsverhältnissen, die durch Regeln, Normen und Institutionen aufrechterhalten werden. Es gibt etwa

Länder, in denen ethnische oder religiöse Minderheiten brutal über Mehrheiten herrschen. Es geht also nicht ausschließlich um Zahlen und Mehrheiten, sondern darum, welche kulturellen Kategorien und Zuschreibungen *dominieren*. Daher spreche ich von Dominanzgesellschaft oder Dominanzkultur.

binär: Der Begriff *binär* [allg.: aus zwei Einheiten (Stoffen, Teilen, Ziffern usw.) bestehend][6] wird den meisten aus Diskussionen zum Thema Geschlechtsidentitäten geläufig sein. Eine binäre Vorstellung des Geschlechtersystems geht etwa davon aus, dass es nur *zwei* Geschlechter gibt: Mann und Frau. Selbst wenn ein sogenanntes Dazwischen zugelassen wird, wird dieses doch entlang dieser zwei Pole eingeordnet, die als eine natürliche Ordnung angenommen werden. Doch von Binarität kann auch in vielen anderen sozialen Gefügen die Rede sein, überall, wo erlernte gesellschaftliche Denkschemata einen angeblichen Gegensatz von zwei Eigenschaften vorgeben, entlang derer gewisse Normen ausbuchstabiert werden (zum Beispiel: homosexuell vs. heterosexuell).

biologistisch: Die Annahme, allein mit biologischen Maßstäben soziale Phänomene in unserer Gesellschaft erklären zu können, nenne ich, wie viele Kulturwissenschaftler*innen, *biologistisch*. Biologistische Erklärungen vernachlässigen es in der Regel, die Verhältnisse und Rollenverteilungen in unserer Gesellschaft auf ihre historischen und politischen Gründe hin zu analysieren.

Hetero / heteronormativ / heterosexuell: Wenn ich in diesem Buch den Begriff *hetero* verwende, meine ich damit *heteronormativ* (es sei denn, ich schreibe explizit *heterosexuell*). Damit meine ich die Entsprechung einer gesellschaftlichen Norm, in der Mann und Frau eine (romantische) Beziehung führen. Diese zwei Menschen können heterosexuell sein – müssen es aber nicht. Denn auch bisexuelle Menschen können etwa in als hetero wahrgenommenen Beziehungen leben.

cis: cis Menschen sind Personen, denen bei ihrer Geburt ein Geschlecht zugewiesen wurde, mit dem sie sich tatsächlich identifizieren (im Gegensatz zu etwa trans Menschen). Mir wurde etwa bei meiner Geburt das Geschlecht weiblich zugeschrieben, mit dem ich mich grundsätzlich identifiziere. Ich bin also cis. Warum ist diese Hervorhebung wichtig? Das verdeutlicht die Politikwissenschaftlerin Felicia Ewert in ihrem großartigen Buch *Trans. Frau. Sein.*: »Hiermit soll klargemacht werden, dass cis Personen nicht ›normal‹, sondern eben cis sind. Dies soll die gängige Sichtweise brechen und die Bedingungen ändern, unter denen transgeschlechtliche Menschen stets als Abweichung, als Fehler begriffen werden und sich immer wieder für ihre Geschlechter rechtfertigen müssen.«[7]

queer: Mit *queer* bezeichne ich Menschen, die eine Vielfalt an sexuellen und romantischen Orientierungen und Geschlechtsidentitäten jenseits der cis-hetero-Norm leben und verteidigen. Ich verstehe darunter auch ein politisches Mindset, das Binaritäten als solche infrage stellen will (nicht alle homosexuellen Menschen etwa sind unbedingt queer oder verstehen sich als queer). Auch *queer* ist ein Begriff, der aus jahrzehntelangem politischem Widerstand und Theorienbildungen als Selbstbezeichnung erwachsen ist.

All diese Definitionen sind natürlich nicht starr und immer eindeutig. Sie dienen lediglich einer Orientierung, sind durchlässig und anpassungsfähig. Wie eben alles im Leben.

EINS: VOM ZWECK DER LIEBE

ÜBER FAMILIE, WAHRHEITEN UND ARBEIT

Ich komme in einer Aprilnacht im Jahre 1992 auf die Welt, im Gebärzimmer eines Kölner Krankenhauses. Während ich kreische, läuft mein Vater entgeistert aus dem Raum. Er hatte sich einen Jungen gewünscht.

Bis zu meiner Geburt hatte der betreuende Arzt meine Eltern über meine Intimorgane im Unklaren gelassen. Meiner Mutter war es egal, meinem Vater nicht. Dann kam ich. »Er war wie vom Esel gefallen«, erzählt meine Mutter heute. Ein Sprichwort, das sie wörtlich aus dem Türkischen übersetzt. Es meint: Jemand hat einen ordentlichen Schreck bekommen.

Ein Trost für meinen Vater war, dass er mir den Namen geben durfte, den er als junger Mann in einem türkischen Gedicht entdeckt hatte: Şeyda [ʃɛÞjdɐ]. Das bedeutet: verwirrt, verrückt vor Liebe. Mein Vater legte die Verwirrung über das Geschlecht, das mir zugewiesen wurde, schnell ab und freute sich über das gesunde Kind.

Meine Mutter war nach einer Fehlgeburt unverhofft wieder schwanger geworden. Die Geburt meiner Schwester war bereits zehn Jahre her. Ein zweites Kind war nicht geplant. Ich war also kein Kind *aus Liebe*, wie man das so nennt. Im Umfeld meiner Eltern bekamen Menschen ihre Kinder meist aus praktischen Gründen: um Verwandte still zu kriegen, die unangenehme Fragen stellten. Oder weil sie an die Altersvorsorge dachten. Oder einfach, weil es sich ergab.
Das bedeutet nicht, dass ich mich als Kind nicht geliebt fühlte, ganz im Gegenteil. Einen Großteil meiner Kindheit verbrachte ich auf dem Schoß meiner Mutter. Ich wurde gestreichelt und liebkost.

Ich hätte mir sowieso lange nicht vorstellen können, was eine Entscheidung allein *aus Liebe* überhaupt bedeuten soll. Wenn ich die Haltung zur Welt, die mir meine Eltern vorlebten, in einem Wort beschreiben müsste, wäre es: *pragmatisch.* Die Wohnung, in der ich aufwuchs, war so eingerichtet: praktisch, stabil, leicht zu säubern, bloß nicht zu teuer. Meine Familie war auch pragmatisch in der Freizeitgestaltung. Wozu teure Sportkurse, wenn die Kinder auch auf dem Spielplatz toben können? Hinter allem stand die Frage: *Was soll das nützen?* Von sinnlosem Genuss und Rausch hielten meine Eltern nichts. Das war der Pragmatismus arbeitender Menschen.

Meine Mutter kam im September 1972 im Alter von vierzehn Jahren als Tochter von Gastarbeitenden nach Deutschland. Fotos zeigen ein verschrecktes Kind mit einem unbändigen Strauß aus schwarzen Locken auf dem Kopf. Während mein Großvater in den ersten Jahren in den Ford-Werken und meine Großmutter in einer Wurstfabrik am Fließband standen, zog meine Mutter ihre drei jüngeren Brüder auf. 1981 heiratete sie meinen Vater in der Türkei, einen jungen Mann mit Schnurrbart und Schlaghosen, der in den politischen Unruhen des Landes zu versinken drohte und den Weg ins Exil suchte. Es war zwar keine Hochzeit aus Zwang, doch meine Mutter hatte es satt, von ihren Eltern ständig mit neuen Hochzeitsanwärtern genervt zu werden. Also sagte sie Ja zu dem jungen Mann, den sie einmal im Kreise der Familie kennenlernen durfte. Auf den wenigen Hochzeitsfotos sehe ich eine junge Frau mit zarten Gliedern, geschwungenen Augenbrauen, der Haarstrauß scheint gebändigt. Mein Vater daneben, die dunkelbraunen Augen weit aufgerissen. Nun schauen meine Eltern gemeinsam verschreckt in die Kamera.

Ab 1979 arbeitete meine Mutter in Köln als Kassiererin in der Filiale einer Supermarktkette. Sechsundzwanzig Jahre lang schob sie mit der linken Hand Waren über das Kassenband, haute mit der rechten auf die Kassentastatur. Mein Vater arbeitete zunächst in den Ford-Werken wie sein Schwiegervater. Dann als Röntgenassistent in Krankenhäusern.
Meine Eltern kamen beide aus armen, bäuerlichen Verhältnissen. Sie arbeiteten für ein anderes Leben, für sich und ihre Töchter. Sie arbeiteten viel. Mit Anfang fünfzig gingen sie in Rente. Ihre Körper waren kaputt. Zu viele Hunderte Kilometer hatte meine Mutter das Kassenband zurücklegen sehen. Zu viele schwere Körper hatte mein Vater auf die Krankenliege gehievt.

Für mich waren die Körper meiner Eltern arbeitende Körper. Anders kannte ich sie nicht. Die Vorstellung etwa, dass sie sich mit diesen Körpern liebkosten, erschien mir lange unmöglich.

Einmal, ich muss zehn Jahre alt gewesen sein, sah ich meine Eltern bei einem Waldausflug Händchen halten. Die Szene irritierte mich so sehr, dass ich sie nie vergessen habe. Die Hände, die ich meist arbeitend sah, die Finger meiner Mutter, denen immer der Geruch von Kaufhauswaren und des Essens anhaftete, das sie zubereitet hatte, die Hände meines Vaters, die ineinandergefaltet auf seinem Bauch ruhten, wenn er nach der Arbeit Fernsehen schaute – diese waren nun verschränkt. Wie die Hände eines verliebten Paares schaukelten sie im Takt der Schritte. Einfach so. Für mich ergab das keinen Sinn.

Man sagt, eine Familie sei eine *Institution*. Doch was bedeutet das? Familien sind zwar keine Behörden und Einrichtungen wie etwa Kirchen und Universitäten. Doch sie sind systematisch mit diesen Institutionen verzahnt. Und auch eine Familie funktioniert nach inneren und äußeren Regeln. Sie strukturiert sich über Hierarchien. Eine Familie erschafft sich eine gemeinsame Geschichte, die ihre Mitglieder hinaus in die Welt tragen. Eine Familie pflegt ihre eigenen Wahrheiten und Sinnzusammenhänge.

In meiner Familie gab es unumstößliche Wahrheiten. Am endgültigsten waren sie, wenn es um den Wert der Familie ging. Und um das Verständnis von Liebe. Die Wahrheit lautete: Nichts und niemand ist wichtiger als deine Familie.

Die anderen waren:

- In der Welt gibt es Frauen und Männer.

- Männer genießen größere Freiheiten als Frauen, weil unsere Welt für Letztere zu bedrohlich ist.

- Romantische Liebe hat nur eine Gültigkeit, wenn sie sich in Richtung Ehe bewegt.

- Romantische Liebe besteht zwischen Frau und Mann.

- Beziehungen und Ehe beruhen auf einem Prinzip der absoluten Monogamie. Es darf außerhalb dieser Verbindungen keine anderen romantischen oder sexuellen Beziehungen geben, schon gar nicht für Frauen. Selbst der Gedanke daran ist Verrat.

Meine Familie war also eine hierarchische Institution, ein System, in das die Aufrechterhaltung männlicher Privilegien und patriarchaler Vorstellungen von Geschlecht und Sexualität eingeschrieben war. Das merkte ich, je älter ich wurde. Die Zärtlichkeit, die ich als kleines Kind scheinbar bedingungslos geschenkt bekam, war immer mehr gekoppelt an ein vergeschlechtlichtes Belohnungssystem. Es ging nicht mehr darum, ein gutes, geliebtes Kind zu sein, sondern eine gute *Tochter*. Eine, die sich um den Haushalt kümmerte. Eine, die flüchtigen romantischen und sexuellen Abenteuern entsagte. Eine, die die familiären Wahrheiten mit Hingabe polierte.
Und die Aufzählung zeigt noch etwas: Liebe war in meiner Familie von Anfang an einem Zweck untergeordnet, und zwar der Gründung einer Familie und der finanziellen Absicherung.

Der Philosoph und Psychoanalytiker Erich Fromm verstand Liebe hingegen als eine Auflehnung gegen die Zweckmäßigkeit, die unser Handeln – gerade im Kapitalismus – ständig leite. Liebe, das sei ein Selbstzweck. Lieben um der Liebe willen: Das ist ein schöner Gedanke. Doch eine Frage bleibt: Wer kommt in unserer Gesellschaft in die Vorzüge eines Lebens jenseits der Zweckmäßigkeit? Wer kann die eigenen Lebensbedingungen in der Art formen und sich von jeglichen Abhängigkeiten lösen, um ein Ideal romantischer Liebe zu verwirklichen?

In Hollywoodfilmen überwinden Held*innen innere und äußere Hindernisse, um zu einem Happy End zu gelangen. Der finale Kuss ist der Garant der Hoffnung, in dem sich die Vereinigung vollendet, die Fiktion eines Zustands, der – einmal erreicht – den Weg zum absoluten Glück weist. Ein Heilsversprechen.

Die Geschichten, mit denen ich als Kind aufwuchs, waren andere. In den frühen 1990ern flimmerten über unseren Fernsehbildschirm vor allem türkischsprachige Filme aus den 1970er-Jahren. Jene Filmindustrie war zu dieser Zeit eine der produktivsten der Welt. Sogenannte *Yeşilçam*-Filme, benannt nach der berühmten Istanbuler Straße Yeşilçam Sokağı, in der seit den 1950ern Studios und Produktionsfirmen angesiedelt waren, laufen bis heute nicht nur auf türkischen Sendern rauf und runter.
Der für mich prägendste Film aus dieser Zeit ist *Selvi Boylum Al Yazmalım* (zu Deutsch: *Das Mädchen mit dem roten Kopftuch*) aus dem Jahre 1977. Er erzählt die Geschichte von Asya und Ilyas.

Asya ist eine junge Frau aus einer bäuerlichen Familie, die am Rande Istanbuls lebt. Eines Tages läuft sie Ilyas über den Weg, einem jungen Lkw-Fahrer. Ilyas verliebt sich auf den ersten Blick in Asya, deren rotes Kopftuch die dunklen Haare und Augen umspielt. Asya verliebt sich in Ilyas, den draufgängerischen Burschen aus Istanbul.

Weil Asya eigentlich einem anderen Mann aus dem Dorf versprochen ist, fahren sie heimlich davon, in Ilyas' rot lackiertem Lkw. Zaghaft schauen sie sich in die Augen, und dann lachen sie gelöst, er am Lenkrad, sie daneben.

Sie heiraten, bekommen ein Kind, das sie Samet nennen. Sie scheinen glücklich zu sein. Doch Ilyas verliert eines Tages seinen geliebten Job als Lkw-Fahrer. Er macht Asya und das Kind dafür verantwortlich. Jeden Tag betrinkt er sich, und er beginnt eine Affäre mit einer ehemaligen Geliebten. Die verzweifelte Asya versucht, bei seinem Chef ein gutes Wort für ihn einzulegen. Als Ilyas das erfährt, schlägt er sie vor den Augen seiner Kollegen. Er möchte nicht als »Weichei« gelten, der auf die Hilfe seiner Frau angewiesen ist. Danach kehrt er nicht mehr nach Hause zurück.

Asya verlässt mit ihrem Kind das Dorf, in dem sie bis dahin mit Ilyas gelebt hat. Doch sie hat niemanden, zu dem sie gehen könnte. Im offenen Laderaum eines Trucks, der sie ins Unbekannte mitnimmt, das frierende Kind in den Armen, trifft sie auf einen Mitreisenden: Cemşit. Dieser erkennt die Verzweiflung der jungen Frau (natürlich bemerkt er auch ihre »Schönheit«). Er bietet ihr an, in seinem Haus unterzukommen, während er sich in einen Anbau im Garten zurückzieht. Asya hat nicht vor, das Angebot anzunehmen. Doch ihr Kind wird krank. Sie will nur einige Tage bleiben, aus denen Jahre werden. Cemşits Zuhause wird ihr Zuhause. Ob sie ihn allerdings lieben kann, weiß sie nicht, denn sie denkt noch oft an Ilyas, wartet auf seine Rückkehr zu ihr. Tag für Tag steht sie am Rande der Schnellstraße vor ihrem Haus und hält Ausschau nach seinem Lkw. Cemşit wartet indes geduldig, dass Asya ihn irgendwann lieben wird. Er versorgt die Familie und baut Samet eine Schaukel. Eines Tages wartet Asya wieder auf die Rückkehr des geliebten Mannes. Doch diesmal nicht auf Ilyas, sondern auf Cemşit.

Asya und Cemşit heiraten. Sie sind glücklich, bis Cemşit an einen Unfallplatz in der Nähe gerufen wird. Ein betrunkener Lkw-Fahrer ist verletzt. Es ist Ilyas. Cemşit nimmt ihn mit nach Hause, ohne zu wissen, dass er der Mann ist, auf den Asya viele Jahre vergeblich gewartet hatte. Asya und Ilyas treffen aufeinander, sie wechseln schmerzerfüllte Blicke, Tränen fließen. Ilyas möchte Asya und sein Kind mitnehmen. Asya ringt mit sich. Sie stellt sich immer wieder die eine Frage: Was ist Liebe? Und sie ringt um das, was Cemşit und sie über die Jahre hinweg mühevoll aufgebaut haben: ein Heim und ein Miteinander, das auf gegenseitigem Respekt und Achtung errichtet ist. Cemşit bemerkt Asyas Kampf. Doch er greift nicht ein. Er lässt seiner Ehefrau die Wahl.

Als Ilyas' Wunden verheilt sind, verlässt er das Haus. Doch er kehrt bald zurück, fährt mit seinem Lkw vor und entführt Samet aus dem Garten. Asya bemerkt sein Fehlen und sieht den Lkw davonfahren. Über Steine und Berge läuft sie ihm hinterher. Ilyas und Samet fahren indes zufällig an Cemşit vorbei, auch er nimmt die Verfolgung auf. Samet beginnt im Lkw zu weinen, er wolle zu seinem Vater, sagt er. Zu Cemşit. Ilyas bringt den Lkw zum Stehen.

Der Höhepunkt des Films ist nun diese legendäre Szene, die in die türkische Filmgeschichte eingegangen ist: Asya und Cemşit holen den stehenden Lkw ein. Asya nähert sich mit vorsichtigen Schritten ihrem Kind. Und Ilyas. Jetzt könnte sie mit ihm davonfahren. Die Zuschauenden denken – ja, hoffen vielleicht – für einen Augenblick, dass sie zu Ilyas zurückkehrt. Doch plötzlich ruft Samet: »Papa!« Er läuft Cemşit in die Arme. Asya scheint nun die Antwort auf die Frage zu wissen, die sie den Film lang begleitete: Was ist Liebe? Sie stellt fest: »Liebe ist Gutmütigkeit. Liebe ist Freundschaft. Liebe, das ist Arbeit.« Sie, Cemşit und das Kind schreiten Hand in Hand davon.

Selvi Boylum Al Yazmalım ist ein in jeder Hinsicht politischer Film. Er erzählt von Landflucht, Vertreibung und dem Elend der Urbanisierung. Der Film beginnt mit einer Szene, in der Asyas Mutter Männer aus ihrem Haus jagt und beschimpft, die offenkundig gekommen sind, um sie zu überreden, das Haus zu verlassen. Denn an seiner Stelle soll ein Staudamm entstehen. Cemşit, der Mann, für den sich Asya letztlich entscheidet, trägt oft einen grünen Parka, der gerade in den 1970er-Jahren der Türkei politisch codiert ist, als Markenzeichen von Linken und Revolutionären. So ist es auch kein Zufall, dass Asya sich für den solidarischen, fürsorglichen Cemşit mit dem Verweis auf den Wert der gemeinsamen Arbeit entscheidet. Und in ihm einen Mann findet, vor dem sie sich als Frau nicht fürchten muss, sondern ihm eine Gefährtin ist.

Gerade heute, wenn ich auf Filme wie *Selvi Boylum Al Yazmalım* zurückschaue, stelle ich fest, dass sie in ihrer Darstellung von romantischer Liebe und Beziehungen um einiges differenzierter und vielschichtiger waren als das meiste, was gleichzeitig im deutschen Fernsehen an hiesigen Produktionen oder US-amerikanischen Filmen lief. Denn sie scheuten sich nicht davor, romantische Beziehungen in den Verhältnissen zu erzählen, die sie wesentlich beeinflussen und sie von Grund auf prägen: Armut, Diskriminierung, Geschlechterungerechtigkeit und verschiedene Formen von Gewalt.

In diesem Sinne hat *Selvi Boylum Al Yazmalım* für mich heute noch Widerständiges. Denn Asya entscheidet sich gegen einen gewaltvollen Mann, der sie schlug und vorführte. Sie entscheidet sich gegen die Gewalt, für den Frieden und für die Zartheit. Dennoch weiß ich heute, dass es für meine Filmheldin Asya in einer anderen Welt und in einer anderen Erzählung mehr Optionen gegeben hätte, als zwischen dem einen und dem anderen Mann wählen zu müssen. Sie hätte vielleicht keinen von beiden genommen. Sie wäre in die Stadt gezogen, hätte für sich und ihr

Kind selbst sorgen können. Und sie hätte ihren Lebensabend alleine, mit gar keinen oder verschiedenen Partner*innen verbracht.
Doch wer schrieb die vermeintlich gültigen Erzählungen der Liebe für Asya?

Einerseits ist da die politisch-soziale Realität der Gesellschaft, in der der Film angesiedelt ist. Ethnische und religiöse Minderheiten, Frauen und Queers sind in der Türkei seit der Staatsgründung bis heute von gravierender Armut und institutioneller Gewalt betroffen. Ein Hyperkapitalismus, der ab den 1950er-Jahren durch abwechselnd neoliberale bis konservativ-faschistische Regierungen vorangetrieben wurde – und mit der auch die in *Selvi Boylum Al Yazmalım* thematisierte Hyperurbanisierung großer Metropolen wie Istanbul einherging –, hat zu einer andauernden strukturellen Verelendung armer und bäuerlicher Menschen geführt. Die heteronormative, monogame Ehe ist – wie auch in Deutschland – die unangefochtene Norm. Und für viele Frauen ist sie eine Instanz, die ihr Überleben sichert.

Aber Filme sind nicht lediglich ein Spiegelbild gesellschaftlicher Realitäten. Sie greifen auch in diese ein, indem sie Handlungsmöglichkeiten vorschreiben. Das Drehbuch, das in diesem Falle das Schicksal von Asya besiegelte, schrieb ein Mann, der kirgisische Schriftsteller Tschingis Aitmatow. Ein Mann, dem ich unterstellen möchte, dass auch er sichergehen wollte, dass wenn er in die romantische Liebe und Familie investiert – so wie Cemşit –, sich diese Investition auch auszahlt. Und dass die Frau ihm wegen eines Verflossenen nicht einfach davonrennt.
Asya erwähnt in ihren inneren Monologen im Film immer wieder, dass sie zumindest in den ersten Monaten nur bei Cemşit bleibe, weil er ihr Sicherheit gebe. Weil sie sonst nicht wüsste, wohin mit sich und dem kleinen Kind.

Ähnlich wie für die Filmheldin Asya hätte es – in einer zweitausend Kilometer entfernten deutschen Großstadt – auch für meine Mutter in einer weniger patriarchalen Familie und weniger ausbeuterischen Welt mehr Optionen geben müssen. Sie hätte in Deutschland eine Schule abschließen und Abitur machen können, wenn den rassistischen Behörden das Kind der Gastarbeitenden nicht egal gewesen wäre. In der Türkei hatte meine Mutter nur die Grundschule abschließen können, bevor sie als Kind nach Deutschland kam, um ihre Brüder aufzuziehen, während die Eltern am Fließband ackerten. Dieses Kind hoffte und betete Tag für Tag, dass die deutschen Behörden auf sie aufmerksam werden, anklopfen und verordnen würden, dass doch auch sie wie alle anderen Kinder das Recht darauf hätte, in die Schule zu gehen. Doch das geschah nie. Und ihren Eltern kam das gelegen.

Meine Mutter wäre vielleicht einer Lohnarbeit (oder auch gar keiner Arbeit) nachgegangen, die ihren Körper und ihre Knochen nicht Tag für Tag zerschlissen hätte. Sie hätte in einem wärmeren Land gelebt, mit den Strandpromenaden, die sie so sehr liebt. Sie hätte vielleicht einen Menschen kennengelernt, dessen Hand sie öfter in ihre hätte schließen können. Und sie hätte ihre eigene Antwort auf diese Frage finden können: *Wie will ich lieben?*

Doch selbst wenn meine Mutter in eine andere Familie, in andere Verhältnisse oder in eine andere Zeit hineingeboren wäre und so ein anderes, selbstbestimmteres Leben hätte führen können, wäre das Grundproblem nicht gelöst. Nicht zweitausend, sondern vielleicht nur zwei Kilometer entfernt hätte es einen anderen Menschen gegeben, vielleicht ein Kind, das mit den gewaltvollen politischen Strukturen und Abhängigkeiten konfrontiert gewesen wäre.

Judith Butler, US-amerikanische*r Philosoph*in, beschreibt die Liebe in dem Buch *Psyche der Macht* als existenznotwendig, wenn aus einem Menschen ein denkendes, handelndes und gesellschaftsfähiges Subjekt werden solle. Und dennoch oder gerade deswegen bedeute Liebe auch immer Unterordnung: »Die Liebe eines Kindes geht jedem Urteil und jeder Entscheidung voraus; ein halbwegs ›annehmbar‹ gepflegtes und ernährtes Kind liebt zunächst einmal und kann erst später zwischen den Personen, die es liebt, Unterschiede machen. Das soll nicht heißen, das Kind liebe blind«, so Butler, »sondern lediglich: Soll das Kind im sozialen und psychischen Sinn weiterleben, dann muss es Abhängigkeit und Bindungen geben; es gibt für das Kind gar keine andere Möglichkeit als zu lieben, wo Liebe und die Erfordernisse des Lebens selbst unlösbar miteinander verknüpft sind.«[8]

Unsere erste Tuchfühlung mit der Liebe, so zumindest Butler, geschieht also in einem Gefüge der Abhängigkeiten. In manchen Familien und Konstellationen sind sie stärker, in anderen weniger – genauso wie es in unserer Gesellschaft unterschiedliche Abhängigkeiten und Hierarchien gibt.

Meine Eltern versorgten und unterstützten uns, ihre Töchter, so gut sie konnten. Gerade wenn es um unsere Ausbildung ging, war ihnen keine Investition zu schade. Doch diese Berechenbarkeit zog sich auch durch die Sphäre der Gefühle. Zärtlichkeit wurde monetarisiert. Zur Strafe konnte sie entzogen werden. Dann sprachen meine Eltern manchmal tagelang nicht mit uns, ihren Töchtern. Liebe war eine knappe Ressource, und das Wertesystem meiner Eltern war zu starr, um neue Möglichkeiten ihrer Überzeugung und Verteilung zu finden.

In diesem Punkt muss ich meiner Filmheldin Asya recht geben: Liebe ist Arbeit. Das ist sie wirklich. Sie ist in jeder Form wie alle

Verbindungen und Abhängigkeiten zwischen Menschen Gegenstand eines unaufhörlichen Schaffensprozesses, in dem Wissen und Wahrheiten verwoben, entkernt und wieder zusammengesetzt werden. Sie knüpft ein Band – zwischen Menschen, die gemeinsam an sie glauben, und zwischen Menschen, die an sie glauben müssen. Menschen errichten gemeinsame Räume, gemeinsame Wege, gemeinsame Begriffe, einen gemeinsamen Sinn. Auch die Liebe ist wie die Familie eine eigene Institution. Eine sehr mächtige Institution.

KARL MARX, WAS HAT ES ZU BEDEUTEN, DASS LIEBE ARBEIT IST? EIN FIKTIVES INTERVIEW

ŞEYDA KURT: Nun freue ich mich, den Philosophen Karl Marx, der eigentlich vor über hundertdreißig Jahren verstorben ist, zu einem Interview begrüßen zu dürfen. Guten Tag, Herr Marx!

KARL MARX: Hi.

ŞK: Wir haben soeben das erste Kapitel gelesen. Hat es Ihnen gefallen?

KM: Ich bevorzuge Shakespeare. Aber mir gefällt Cemşits Mantel.

ŞK: Ich möchte mit Ihnen sprechen, weil in dem Kapitel ein Gedanke ausschlaggebend ist, den Sie uns vielleicht näher erläutern können. Es geht um die Idee, dass Liebe Arbeit bedeutet. In ihren *Spiegel*-Bestsellern schreiben Sie, dass die menschliche Arbeit in unserer kapitalistischen Gesellschaft entfremdet sei, keine, in der Menschen sich selbst und ihre Fähigkeiten verwirklichen und sich mit dem Produkt ihrer Arbeit identifizieren können. Die menschliche Arbeit und deren Produkte werden stattdessen kommerzialisiert, für den Markt produziert statt für eigene oder zwischenmenschliche Bedürfnisse. Was bedeutet das nun konkret für die Liebe?

KM: Die Marktlogik dringt in all unsere zwischenmenschlichen Beziehungen ein. Eine jüngere Kollegin – die zumindest noch am Leben ist – hat dazu mal was geschrieben. Wie hieß sie denn gleich ...

ŞK: Sie meinen die Soziologin Eva Illouz.

KM: Ja, die! In ihrem Buch *Der Konsum der Romantik* schreibt sie: »Obwohl der Markt nicht das gesamte Spektrum an Liebesbeziehungen kontrolliert, so hängen doch die meisten romantischen Praktiken direkt oder indirekt von Konsum ab, und Konsumaktivitäten haben unsere romantische Vorstellung vollständig durchdrungen.«[9]

ŞK: Damit meint Illouz etwa das romantische Candle-Light-Dinner, Picknicks, Paarurlaube, aber auch Dinge und Aktivitäten, die nur indirekt in Zusammenhang mit romantischen Beziehungen stehen, aber durch Werbung oftmals mit Romantik assoziiert werden: Haushaltsgeräte, Schmuck oder Autos zum Beispiel.

KM: Genau. Und am meisten gefällt mir dieser Satz in ihrem Buch: »Meine eigene Untersuchung bestätigt Marx' Behauptung im Hinblick auf die allgegenwärtige Kommerzialisierung.« Wunderschön!

ŞK: Gleichzeitig merkt Illouz aber auch an, dass die konsumorientierte Liebe im Kapitalismus auch ein emanzipatorisches Potenzial enthalten könne, Selbstverwirklichung oder Gleichheit zwischen den Geschlechtern etwa.

KM: Und dennoch sehen wir, dass der Kapitalismus und somit das Selbstbild der in diesen Verhältnissen lebenden Individuen immer wieder in der Krise sind: Verschuldung hier, Midlife-Crisis da. Und immer die Frage: Bin ich noch produktiv, bin ich noch wertvoll? Die Krise ist das Wesen des Kapitalismus.

ŞK: Können wir denn überhaupt die Aussage treffen, dass Liebe Arbeit ist? Denn letztlich produziert sie ja nichts Materielles, nichts Greifbares, nicht wie ein Hammer oder ein Schraubenzieher.

KM: Haben Sie denn keine anderen Probleme?

ŞK: Vielleicht könnten wir festhalten, dass Liebe Arbeit ist, wenn sie sich tatsächlich in einer gemeinsamen Realität mit anderen Menschen und ihrer Umgebung manifestiert, sichtbare Veränderung hervorbringt, die in den Verlauf der Geschichte eingreift, sie mitgestaltet.

KM: Laaaangweiliiiiiig.

ŞK: Herr Marx, jetzt helfen Sie mir doch mal, ich muss ein Buch zu Ende schreiben. Eine Sache interessiert mich noch: Wenn wir ausgehend vom ersten Kapitel feststellen, dass die Liebe also Arbeit ist und diese im Kapitalismus stets entfremdet, würde das also bedeuten, dass diese in den herrschenden Verhältnissen zumindest für die Arbeitendenklasse zum Scheitern verurteilt ist?

KM: Sie ist für alle zum Scheitern verurteilt. Es ist jedoch die Arbeiterklasse, die materiell nichts mehr zu verlieren und keine Wirtschaftsinteressen zu verteidigen hat. Sie wird es sein, die einen revolutionären Umbruch schafft, aus dem heraus auch andere Beziehungen gelebt werden können und eine andere Form der Liebe.

ŞK: Wie würden Familien und romantische Beziehungen Ihrer Meinung nach denn nach der kommunistischen Revolution aussehen?

KM: Dazu zitiere ich aus dem Werk *Grundsätze des Kommunismus* von meinem Brudi Friedrich Engels: »Sie wird das Verhältnis der beiden Geschlechter zu einem reinen Privatverhältnis machen, welches nur die beteiligten Personen angeht und worin sich die Gesellschaft nicht zu mischen hat. Sie kann dies, da sie das Privateigentum beseitigt und die Kinder gemeinschaftlich erzieht und dadurch die beiden Grundlagen der bisherigen Ehe, die Abhängigkeit des Weibes vom Mann und der Kinder von den Eltern vermittelst des Privateigentums, vernichtet.«[10]

ŞK: Das Verhältnis der Geschlechter würde sich also allein dadurch ändern, wenn sich die ökonomischen Verhältnisse revolutionieren? Doch wer wird diese Revolution anführen, Herr Marx?

KM: Die Arbeiter, die revolutionären Subjekte meiner Philosophie.

ŞK: … die Sie etwa hauptsächlich als männlich konzipierten.

KM: Ich habe in meinem Frühwerk immer wieder betont, dass die Position der Frauen in der Gesellschaft der Maßstab für die gesamte Entwicklung der Gesellschaft ist.

ŞK: Nun ja, und dennoch fehlt Ihnen eine eigenständige Theorie über die Situation und Arbeit der Frauen und anderer Geschlechter, in den Fabriken, in den Familien wie im Haushalt. Auch die Kämpfe und revolutionären Widerstände von versklavten Menschen und nicht-*weißen* Arbeitern im globalen Süden haben Sie weitestgehend vernachlässigt. Warum?

KM: Hören Sie mal, wir wollten damals den Kapitalismus überwinden und Revolution machen. Für diese Erbsenzählerei aus Ihrer Social-Media-Bubble hatten wir keine Zeit.

ŞK: Aber machen Sie es sich nicht ein wenig zu einfach, wenn Sie und Friedrich Engels die Frage nach Geschlechtergerechtigkeit auf das Ende des Kapitalismus schieben?

KM: Einfach?! Es ist alles schon kompliziert genug, finde ich.

ŞK: Und können Sie versprechen, dass diese (cis) männlichen Subjekte der Revolution dann auch ein Interesse daran haben werden, ihre patriarchale Vorherrschaft in Gemeinschaften, Beziehungen und auch im Haushalt umzuwälzen?

KM: Ich helfe manchmal auch beim Abwasch. #notallmen

ŞK: Herr Marx!

KM: Muss los.

OH,
YOU CUT ME OPEN

Meine Eltern bauten in meiner frühen Jugend ein Haus, schickten ihre Töchter auf Gymnasien und Universitäten. Sie häuften Möbel an und Rasenmäher. Sie jäteten wie besessen das Unkraut im Garten, stürzten sich von einer Baustelle in die nächste. Ihre Verbissenheit machte mir oft Angst. Wo die Lohnarbeit ihre Knochen verschonte, tat die Arbeit am Haus ihr Übriges. Es war, als ob sie von der Überzeugung getrieben waren, dass ihnen nur Gutes – oder überhaupt irgendetwas – zustand, wenn sie sich kaputtarbeiteten. Sich selbst zu zerstören bedeutete für meine Eltern, einen gerechtfertigten Platz in Deutschland zu haben.

Dass der vermeintlich allgegenwärtige Pragmatismus und der Fleiß eigentlich der Versuch waren, Zerbrechliches in Form zu halten, sich vor dem völligen Kontrollverlust zu bewahren, hatte ich schon als Kind gespürt: In den Streitereien meiner Eltern untereinander und mit ihren Töchtern blitzten oftmals unbändige Wut und Kummer auf. Es war ein Leben vor dem Ausbruch. Eine Familie vor dem Zusammenbruch.

Und doch schien es, nach vielen Jahren des Kampfes, als hätten sie alles erreicht, wofür sie Jahrzehnte geschuftet hatten. In den letzten Erinnerungen, die ich von ihnen gemeinsam habe, werkeln sie im Garten, in dem Rucola und Tomaten, Rosen und Hortensien sprießen.

Doch da hatten meine Eltern sich bereits vergessen. Und sie hatten einander vergessen. Vielleicht hatten sie sich nie gekannt. Die Erschöpfung der vergangenen Jahre überwältigte sie.
Meine Mutter nahm die Erschöpfung an. Meinen Vater trieb sie immer öfter aus dem Haus, aus ihrer gemeinsamen Wirklichkeit, ihrer gemeinsamen Arbeit. Er war noch immer rastlos. Ich kann gar nicht sagen, an welcher ihrer Wahrheiten meine Familie letztlich zerbrochen ist, doch jene mit der Monogamie ist meinem Vater am Ende selbst zum Verhängnis geworden.

Im Sommer 2008, ich bin 16 Jahre alt, läuft die britische Sängerin Leona Lewis mit ihrem Musikvideo »Bleeding Love« auf MTV, und ich fühle mich ausgeblutet. Der Anfang vom Ende, das zwei Jahre später eintritt. Meine Eltern trennen sich.

ZWEI: PHILOSOPHIEN DER LIEBE

ÜBER PLATONS KUGELMENSCHEN UND FROMMS KUNST DES LIEBENS

Eine der bekanntesten Erzählungen der Liebe hat der antike Philosoph Platon im vierten Jahrhundert vor Christus geschrieben: den sogenannten Kugelmenschenmythos. In dem fiktiven Dialog *Symposion* lässt Platon den Komödiendichter Aristophanes erzählen, wie die ursprünglich kugelförmigen Vorfahren der Menschen mit jeweils vier Händen und Füßen, zwei Gesichtern mit je zwei Ohren auf einem Kopf durch die Welt rollten. Ja, sie rollten. Vereint und vollkommen. Doch wie so oft in der antiken Mythologie wurden sie von dem Göttervater Zeus bestraft, weil sie die Überlegenheit der Gottheiten infrage stellten. Zeus teilte die Kugelmenschen in zwei Hälften. »Jeder von uns ist also ein Stück von einem Menschen, da wir ja zerschnitten, wie die Schollen, aus einem zwei geworden sind«, heißt es in dem Dialog, »also sucht nun jedes sein anderes Stück.«[11]

Als ich den Mythos erstmals im Philosophieunterricht der Oberstufe las, war ich begeistert. Er stillte mein Bedürfnis nach einfachen Erklärungen und Eindeutigkeit für das scheinbar dubiose Phänomen von Begehren und Zuneigung – eine göttliche Erzählung über übergeordnete Wahrheiten, die für alle und jede*n gelten sollen.
Denn meine Wahrheiten waren nach dem Ende meiner Kernfamilie ein schwerer Berg aus Sand, unter dem ich mich vergraben fühlte. Natürlich ist eine Trennung der Eltern nicht das Ende der Welt. Aber für mich war sie bis zu dem Zeitpunkt die größte persönliche Katastrophe, die ich erlebt habe, weil das völlig Unvorstellbare eingetreten war. In dem Umfeld meiner Eltern, Arbeitendenfamilien aus der Türkei und Kurdistan, war das niemand anderem zugestoßen – ja, *zugestoßen*. Denn so fühlte es sich an: Als hätte Zeus höchstpersönlich seinen Groll an uns ausgelassen. Und mehr noch: Es war nicht nur eine persönliche, sondern auch eine ideologische Katastrophe. Denn sie stellte alles infrage, was ich über Liebe, Familie und mich selbst gelernt hatte. In meine rollende Vollkommenheit des Denkens und Fühlens war ein Blitz eingeschlagen.

Ich ziehe damals eine Spur aus blitzverbrannter Erde durch mein sogenanntes Liebesleben. Mein erster Partner betrügt mich und akzeptiert die Trennung nicht, er stellt mir hinterher und wird handgreiflich. Die Beziehung endet vor Gericht. In anderen Beziehungen treffe ich auf sanfte Menschen, doch manche lügen, andere haben ihren eigenen Sandberg, den sie mir auf die Füße ausleeren. Ein anderer ist ein ehrlicher und freundlicher Mensch. Aber er will FDP wählen. Und das ist eine Katastrophe für sich.

Ich irre durch die Gänge der Universität, an der ich mich nach dem Abitur einschreibe, um Philosophie zu studieren. Ich verstehe in den ersten Semestern nichts und fühle mich wie ein Nichts, gerade weil andere – *weiße* cis Männer in offenkundig akademischer Familientradition – so viel Raum einnehmen und signalisieren, alles zu sein. Sie reden und reden und reden. Die Autorin Margarete Stokowski, die auch Philosophie studierte, hat in ihrem Buch *Untenrum frei* zutreffend beschrieben: »Die Jungs um mich herum sprechen mit einer Selbstverständlichkeit von sich als Philosophen, als hätte Platon sie persönlich getauft«.[12]

Mich hat niemand getauft, und ich schaffe es in den ersten Semestern kaum, mit den Seminartexten hinterherzukommen. Daneben gibt es noch andere Bücher, die neben Club Mate trinken, Yoga machen und Tabak rollen sehr angesagt sind und die meine Kommiliton*innen und ich lesen oder zumindest für andere sichtbar bei uns tragen. Eins davon ist *Die Kunst des Liebens* (1956) des Philosophen Erich Fromm, den ich bereits im ersten Kapitel erwähnte.

Liebe sei keinesfalls etwas, was einem »in den Schoß fällt«, so Fromm. Liebe sei eine Aktivität, der ein Wille vorhergehe und die mit Übung und Disziplin verbunden sei. »Jemanden zu lieben ist nicht nur ein starkes Gefühl«, schreibt er, »es ist auch eine Entscheidung, ein Urteil, ein Versprechen.«[13] Liebe als Entscheidung. Liebe als Tun. Liebe als Arbeit. So weit, so gut. Meine Filmheldin Asya würde sich dem wohl anschließen. Und in späteren Kapiteln werde ich Sätze schreiben, die doch sehr an diese Worte Fromms erinnern.

Damals, im Studium, lese ich das Buch von Erich Fromm jedoch nicht. Ich habe keine Zeit und keinen Kopf für diese Kunst. Ich bin keine Künstlerin. Ich bin einfach am Arsch.
Ich mag mich damals zwar nach einfachen Wahrheiten sehnen,

doch vielleicht hält mich auch davon ab, *Die Kunst des Liebens* zu lesen, dass ich mir bis heute diese Frage stelle: Was kann mir Erich Fromm über die Liebe beibringen? Was weiß er denn über meinen Sandberg, meine Realität, meine Subjektivität? Wer sollen diese Künstler*innen der Liebe sein? Ich? Ich bin ja nicht mal getauft!

Doch Platon, da bin ich mir sicher, hätte Erich Fromm höchstpersönlich getauft. Denn in *Die Kunst des Liebens* stehen auch Sätze, die eindeutig an den Kugelmenschenmythos erinnern. Auch Fromm stellt das »universale existentielle Bedürfnis nach Einheit«[14] zwischen Menschen fest, zwei Hälften, die offenbar wie ein Naturgesetz zusammengehören. Und um genau zu sein stellt Fromm diese Einheit ausdrücklich zwischen zwei Kategorien von Menschen her: zwischen Frauen und Männern.

Man könne, so Fromm, »den männlichen Charakter definieren, indem man ihm Eigenschaften wie Eindringungsvermögen, Führungsbefähigung, Aktivität, Disziplin und Abenteuerlust« zuschreibe. Dem gegenüber stehe der weibliche Charakter, der durch »produktive Aufnahmefähigkeit, Beschützenwollen, Realismus, Geduld und Mütterlichkeit«[15] gekennzeichnet sei. Als ich *Die Kunst des Liebens* vor einigen Monaten für die Recherche meines eigenen Buchs las, überraschte mich nicht, dass Fromms Zuschreibungen vor lauter (hetero-)sexistischen und biologistischen Zuschreibungen trieften. Das Buch ist schließlich 65 Jahre alt.

Mich überraschte eher, dass dieses Buch heute noch unter Philosophiestudierenden wie eine heilige Offenbarung herumgereicht wird. Obwohl: Auf den zweiten Blick überraschte mich auch das nicht. Denn sexistische Zuschreibungen über vermeintlich weibliche oder männliche Charaktere, die Passivität und Fürsorglichkeit des Weiblichen und die Kraft und der Veränderungswillen des Männlichen sind auch heute nicht begraben.

Und auch folgende Passagen aus Fromms Buch könnten Hinweise liefern, warum diese Analysen gerade im philosophischen Club der getauften cis Männer nicht an Beliebtheit einbüßt. Fromm schreibt: »Im Akt der Liebe, im Akt der Hingabe meiner selbst, im Akt des Eindringens in den anderen, finde ich mich selbst, entdecke ich mich selbst, entdecke ich uns beide, entdecke ich den Menschen.«[16]
Während Fromm also in dem Titel seines Buches eine Allgemeingültigkeit einer Kunst der Liebe deklariert, offenbart sich doch spätestens an dieser Stelle, wer das Subjekt seiner Kunst und seiner Philosophie ist: der cis Mann. Denn wer hier wohl in wen eindringt, ist selbsterklärend. Und auch, wer in diesem vermeintlichen Akt der Liebe sich selbst »entdecken« darf.

Doch es sind nicht nur diese tradierten vergeschlechtlichten Stereotypien, die heute immer noch auf Zuspruch stoßen. Dem Denken von Fromm und Platon liegt ein weiterer gemeinsamer Nenner zugrunde, der westeuropäische Denkkulturen, Selbst- und Fremdbeschreibungen als ein vermeintlich universelles Prinzip strukturiert: der binäre Gedanke der Polarität, der Menschen als Gegensätze zueinander konzipiert. Fromm betrauert etwa, dass die »Polarität der Geschlechter«[17] im Verschwinden begriffen sei und damit auch die erotische Liebe verschwinden werde, die auf dieser Polarität beruhe.

Doch was genau hat es mit der Macht der Binaritäten auf sich? Was werfe ich Erich Fromm und Platon vor? Und was hat das alles mit gegenwärtigen Vorstellungen etwa von romantischer Liebe zu tun? Ich kann das, was Erich Fromm über die Liebe schreibt, und das, was in dieser Gesellschaft über Jahrzehnte über Menschen und ihre Beziehungen zueinander geschrieben wurde, nicht ohne einen Blick in die Vergangenheit verstehen, ohne einen Blick in die Geschichte der westlichen Philosophien von Platon bis zu Denkern der Aufklärung. Ich kann nicht verstehen, wie das gesellschaftliche Wissen, auch Wissen über die Liebe, konserviert und zu kollektiven Wirklichkeiten wurde. Auch zu meiner.

WIE DIE WESTLICHEN PHILOSOPHIEN DEN BLICK AUF BEZIEHUNGEN FORMTEN

Platon suchte in seiner Philosophie nach einem Wissen von der Welt, das unfehlbar ist sowie notwendig und objektiv wahr – und das für alle Menschen. In seinem bekannten Höhlengleichnis entwarf er eine Erkenntnistheorie, die Gegenstände, die wir wahrnehmen, lediglich als Schatten und Schein einer Welt der Erscheinungen begreift. Solange wir hier, in der Welt der Wahrnehmung, verharren würden, könnten wir nichts Wirkliches wissen. Denn die Welt der Erscheinungen sei lediglich ein Schatten der Eigentlichkeit.

Diese geheimnisvolle Eigentlichkeit ist die Welt der Ideen, das Seiende an sich. Die Ideen sind die Urbilder der sinnlich wahrnehmbaren Gegenstände. Sie sind absolut und im Gegensatz zu den Objekten unserer Wahrnehmung nicht vergänglich. Die Ideen folgen einer Hierarchie: Den höchsten Rang belegt ein übergeordnetes Prinzip – die Idee des Guten. Diese wurde später im Christentum als das Göttliche interpretiert.

Die Idee des Guten ist laut Platon die Ursache aller Erkenntnis und der Ursprung jeder Wahrheit. Diese Wahrheit und die Welt der Ideen kann ich nicht durch meine Sinneswahrnehmungen erschließen. Sondern lediglich durch geistige Arbeit. Die Seele wäre imstande, die Wirklichkeit zu erfassen, wenn da nicht dieser Körper wäre, der den Schatten anheimfällt. Offenbar sind Seele und Körper zwei Entitäten, die voneinander abzugrenzen sind, wenn nicht sogar gegensätzlich gedacht werden müssen. Das ist übrigens ein Gedanke, der sich auch in prägenden Strömungen des Christentums wiederfinden lässt: das Diesseits gegen das Jenseits und der Körper, der den sündhaften, leiblichen Verführungen des Diesseits zum Opfer fällt.

Der französische Philosoph René Descartes hat diesen Dualismus im siebzehnten Jahrhundert um- und fortgeschrieben. Auch ihm ging es um ein Wissen, das absolut und universell ist. Auch er zweifelte wie Platon radikal an der Fähigkeit des Menschen, Wahres und Unwahres in der Außenwelt voneinander unterscheiden zu können. Denn was wäre etwa, wenn wir unsere Außenrealität nur erträumen würden oder ein Dämon aus unerfindlichen Gründen es sich zur Aufgabe gemacht hätte, unsere Sinne zu trügen?

Descartes' Zweifel führt dazu, dass er den Sinnen *und* der Vernunft misstraut. Das lässt ihn jedoch den bekannten Dualismus nicht aufheben, mit dem er die Welt beschreibt. Aus Vernunft vs. Sinneswahrnehmung wird bei Descartes nun Sein vs. Erscheinung. Er gelangt zu der für ihn einzig gültigen Erkenntnis: »Da es ja immer noch ich bin, der zweifelt, kann ich an diesem Ich, selbst wenn es träumt oder phantasiert, selber nicht mehr zweifeln.«[18]

Nur das Ich ist also nicht mehr anzuzweifeln. Das Ich ist die einzige Instanz, die Wissen beglaubigen kann. Hierin liegt einerseits ein bahnbrechender Gedanke: Descartes erklärt das

Ich, den Menschen als das denkende Subjekt, zum eigentlich Wirklichen. So werden das Individuum und seine Identität zur Bezugsmitte der Wirklichkeit anstelle eines Gottes wie in monotheistischen Religionen oder eines übergeordneten Prinzips wie bei Platon. Das ist revolutionär.
Das cartesianische Subjektdenken ist von großer Bedeutung für die Philosophien der Aufklärung, die die Subjektivität und die Fähigkeiten des Individuums in den Fokus rückten: Der Mensch soll aus eigener Kraft das Wahre und Gute und die Welt erkennen. *Was kann ich wissen?* Das ist nach dem Philosophen Immanuel Kant eine der Grundfragen der Philosophie. Die Frage nach der Erkenntnis.

Wenn es außerdem keine übergeordnete Instanz des Wahren mehr gibt, dann sind *alle* Menschen imstande, sie zu erkunden. Der Mensch ist souverän, und er kann sich den Dogmen der Religion entziehen. Die Philosophien der Aufklärung setzten somit in Westeuropa den Grundstein für Bestrebungen nach Gleichheit und Emanzipation. Und Descartes legte somit einen Grundstein für die Moderne, auch in ihrem Verständnis von Liebe und Romantik: das Ich, das sich in seiner Individualität entscheidet. Das Ich, das sich selbstbestimmt verliebt und entliebt.

Für die Soziologin Eva Illouz etwa geht die Ausbildung der Epoche der Moderne mit »der Hervorbringung eines reflexiven emotionalen Selbst einher, eines Selbst, das sich und seine Identität in erster Linie in emotionalen, um die Bewirtschaftung und Bekräftigung seiner Gefühle kreisenden Kategorien definierte«.[19] Das schreibt sie in ihrem Buch *Warum Liebe weh tut.* Gerade die Emanzipation von religiösen Autoritäten habe die Herausbildung dieses emotionalen Selbst gefördert, meint Illouz. Das romantische Ich war also zunächst eins, das sich patriarchaler, religiöser Bevormundung entgegenstellte.

Und dennoch gibt es einen großen Haken bei der Betrachtung des cartesianischen Subjekts: Auch Descartes denkt das Ich antagonistisch zu seiner Körperlichkeit und den Körpern der Außenwelt, deren Existenz er sich nicht sicher sein kann. Das Subjekt flieht vor einer gemeinsamen Außenwelt, die es anzweifelt, in eine innere Bewusstseinswelt, die souverän und autonom von der äußeren Welt zu sein scheint.

Doch viele Philosoph*innen, darunter auch Karl Marx, entgegneten diesem idealistischen Bild vom Menschen, dass Subjekte nicht unabhängig von ihrer sozialen Umwelt betrachtet werden können, insbesondere von den sie umgebenden Besitzverhältnissen. Ganz im Gegenteil: Das soziale Umfeld bringt das Subjekt in seiner sozialen Rolle und sein Bewusstsein hervor. Und dabei spielt auch die Erscheinung seines Körpers eine große Rolle. Andernfalls müssten wir gar nicht über Rassismus oder Sexismus sprechen. All diese Diskriminierungsformen, die Art und Weise, wie mir begegnet wird, welche Rollen mir zugewiesen werden, welches materielle, soziale oder kulturelle Kapital mir zur Verfügung steht und welche Verhältnisse und Gesetze mich als Körper und meine Möglichkeiten begrenzen – all das bringt gerade eine spezifische Form der Subjektivität hervor.

Insgesamt wurde die Körperlichkeit (und mit ihr gemeinsam die Emotionalität) in den Philosophien der Aufklärung in der Tradition antiker Philosophen wie Platon und Aristoteles abgewertet. In dieser erdachten Hierarchie wurde die Vernunft, die Ratio, aufgewertet.

Und an dieser Stelle bekommt der vermeintlich aufklärerische Gedanke der Gleichheit mitunter einen brutalen Riss. Viele Philosophen der Aufklärung wie Thomas Hobbes und auch Immanuel Kant (wobei Letzterer seine Aussagen später revidierte) verbreiteten im Sinne dieser Hierarchie krude, rassistische Theorien über die Völker und Kulturen Afrikas, legitimierten

Kolonialismus und Versklavung, brandmarkten nicht*weiße* Menschen und ihre Körper als unzivilisiert. Als unvernünftig.

Denn der Gedanke der Gleichheit sollte am Ende doch nicht für alle gelten, das hätte mitunter einen zu großen wirtschaftlichen Schaden für die Kolonialherren bedeutet. Die Philosophin und Kulturwissenschaftlerin Iris Därmann spricht daher von einer »halbierten Aufklärung«[20], die weder versklavte Menschen in den Kolonien noch nichtmännliche Personen umfasste.

Die Hierarchisierung von Vernunft und Gefühl ist ein Ordnungsprinzip, das sich seit Jahrhunderten auch in der Konstruktion von Geschlechtern widerspiegelt: Das männliche Prinzip ist das rationale, objektive. Das weibliche Prinzip ist das emotionale, das subjektive. Die Rangfolge ist wohl selbsterklärend.

Die Welt wird in Dualismen gedacht: Körper gegen Seele. Die eine Kugelhälfte und die andere. Mann und Frau. Und infolgedessen muss auch das Ich als ein solches gedacht werden, das konstante Eigenschaften hat. Denn wenn ich nicht die eine Hälfte von Platons Kugelmenschen bin, muss ich eben die andere sein. Identität ist dann nichts, das sich wandeln und widersprechen kann. Wenn ich nicht Mann bin, muss ich Frau sein. Daraus folgt: Jenseits dieser Binarität habe ich in diesem Denksystem keine Daseinsberechtigung. Es ist die Suche nach Eindeutigkeit in unserer Beziehung zu uns selbst und jener zu anderen Menschen.

Diese platonisch-christlichen Philosophien der Dualitäten bilden ein Fundament unserer patriarchalen Gesellschaft, in denen Menschen anhand vermeintlich natürlicher Eigenschaften kategorisiert und hierarchisiert werden.
»Die Alterität ist eine grundlegende Kategorie des menschlichen

Denkens. Keine Gemeinschaft definiert sich jemals als die Eine, ohne sich sofort die Andere entgegenzusetzen«[21], schreibt die Philosophin Simone de Beauvoir in ihrer Abhandlung *Das andere Geschlecht*. Überall, wo es Normen gibt, gibt es Hierarchien und angebliche Abweichungen. Diese Normen mögen uns naturgegeben erscheinen, aber sie sind kulturelle Konventionen. In ihrem berühmten Werk untersucht Beauvoir die Alterität der Geschlechter: die kulturelle Konstruktion der Frau als Abweichung von der männlichen Norm. Die Frau als das *andere* Geschlecht.

In dieser Logik der Polarität der Geschlechter, wie es auch Fromm beschreibt, existieren weder Menschen mit nichtbinärer Geschlechtsidentität, die also weder Mann noch Frau sind, oder beides zugleich. Noch haben nichtheterosexuelle Frauen und Männer eine Gültigkeit.

Doch diese Logiken der Dualitäten betreffen nicht nur die Vorstellung von Geschlecht und Sexualität. In traditionellen Erzählungen von romantischen Paarbeziehungen führen sie sich fort: Einer ist der schwache Part, der andere der starke. Eine*r beherrscht, eine*r wird beherrscht. Eine*r gibt, ein*e andere*r nimmt. Eine*r gewinnt, eine*r verliert (frei nach dem Song »The Winner Takes It All« von ABBA).

Viele Menschen denken romantische Beziehungen als Unternehmungen, die scheitern können, die in einem Spektrum von Erwartungen verwertbar sein müssen. Den Kategorien von Erfolg und Scheitern liegt immer ein System von Normen, Erwartungen und Abweichungen zugrunde. Und wenn Menschen an ihnen scheitern, machen sie dafür oftmals ein Ich verantwortlich, das von Platon bis Descartes verstanden wird als rational und autonom von seiner Körperlichkeit, von den Körpern anderer Menschen und den Normen und Regeln, die ihnen Plätze zuweisen wollen.

Und es geht noch weiter mit den Dualitäten: Entweder bin ich einem Menschen geistig, freund*innenschaftlich, verbunden – dann haben wir eine nichtsinnliche, sogenannte platonische Beziehung –, oder wir sind miteinander körperlich, was unser Verhältnis zwangsläufig auf eine erotische Ebene hebt. Die Paarbeziehung ist in der Dominanzgesellschaft immer noch die unangefochtene Norm schlechthin. Das Singlesein wird als eine weniger wertvolle, unnormale Abweichung dazu erzählt. Als ein Fehlen.

In ihrem Buch *Der Konsum der Romantik* schildert Eva Illouz, wie sie im Rahmen einer Studie ihre Interviewpartner*innen bat, ihre »erinnernswerteste« Liebesgeschichte zu erzählen. Sie stellte fest, dass die Erzählenden ihre romantischen Erfahrungen um zwei Pole herum verorteten: Entweder sind sie ein Abenteuer, eine hochgradig dramatische, gestraffte Erfahrung, die in »physiologischer, emotionaler und kognitiver Hinsicht«[22] herausragen – wie etwa bei einer unverfänglichen Affäre. Demgegenüber würden sie die Alltagsroutine stellen, dauerhafte Beziehungen, Behaglichkeit und Beständigkeit. Folgen wir dieser Polarität, scheint es kaum denkbar, für einen Menschen dauerhaft Verantwortung zu übernehmen, verbindlich und wertschätzend zu sein und dabei gleichzeitig intensive oder außergewöhnliche Gefühle zu erleben.

In einem meiner Lieblingsrestaurants verkündete mal ein Freund über eine Schüssel Phở gebeugt: Wenn wir alle wissenschaftlichen Fußnoten in Texten und Büchern, die sich mit unserer Welt beschäftigen, zurückverfolgen würden, würden wir am Ende wahrscheinlich bei den Gedanken von Platon landen. Er wirkte dabei fasziniert und abgestoßen zugleich. Also nicht von der Phở. Sondern von dem Gedanken.
Vermutlich wird ihm dieser Gedanke auch beim Lesen dieses

Buchs kommen: Würden wir alle Ideen zurückverfolgen, würden wir zumindest bei den meisten bei Platon landen. Denn ich möchte ein offenes Geheimnis verraten: Es gibt einen Widerspruch, mit dem ich leben muss. Ich kann mich noch so sehr über Platon, Descartes oder die anderen Philosophen der Aufklärung beschweren – letztlich werde ich oftmals mit Wissen und modernen Denkwerkzeugen arbeiten, deren Spuren zu ihnen führen. Auch ich werde mit binären Kategorien arbeiten, über Männer und Frauen sprechen, Herrschende und Beherrschte, monogame und nichtmonogame Beziehungen. Denn diese Kategorien gehören zu meiner sozialen Realität. Und ich will diese soziale Realität zunächst verstehen und sie historisch entlarven, um zu wissen, wie es besser geht. Ich will nicht vor dem Jetzt kapitulieren und Sehnsüchte für die Zukunft ausmalen, die jenseits der Geschichte verortet sind, die uns gemeinsam ist.
Und dennoch schreibe ich dieses Buch, weil mich dieser Gedanke antreibt: Wir können Denk- und Gefühlssysteme zwar nicht von einem Tag auf den anderen umwälzen, zumal wenn damit keine politischen Veränderungen korrespondieren. Doch wir können gegenwärtige Wahrheiten der Liebe unterwandern, Tag für Tag, Stück für Stück, Phở für Phở. Die Philosophin und sozialistische Revolutionärin Rosa Luxemburg sprach von »permanenter Revolution«, also einem tagtäglichen, unermüdlichen Lernprozess innerhalb der eigenen politischen Praxis. Und es gibt in jedem bestehenden Denksystem, so starr es zunächst wirken mag, unmittelbare Freiräume, die wir ausfüllen können, wenn wir die Strukturen, die diese Freiräume zu verhindern versuchen, erkennen und kritisieren.

Ich möchte die Fragen von Platon und Kant nach dem, was wir wissen *können*, also anders stellen: Was *soll* ich wissen? Was soll ich über mich und andere wissen? Was soll ich über unser Verhältnis zueinander wissen? Und warum?

DREI: MONOGAMIE UND OFFENE BEZIEHUNGEN

MONOGAMIE: EIN KOLONIALES PROJEKT

Die Frage, warum ich weiß, was ich weiß, und warum ich bin, wie ich bin, ist gleichsam wie ein Sprung in ein eisiges Becken aus Unbehagen. Darin schwimme ich. Darin sind mehrere Kubikmeter an Wasser. Altes und neues. Darin schwimmen und schwammen unzählige Menschen zuvor.

Wenn es um Fragen nach unserem Wissen und unseren Definitionen geht, verweisen viele daher erleichtert auf die Naturwissenschaften. Nehmen wir zum Beispiel das kontroverse Thema der Monogamie: Befürworter*innen und Kritiker*innen bewerfen sich regelmäßig in deutschen Zeitungen mit Argumenten, die die vermeintliche *Natur* des menschlichen Paarungsverhaltens beschreiben sollen. *Die Bonobos treiben es ja auch wild durcheinander! Das Tierreich kennt keine Monogamie!* – sagen die einen. *Die Monogamie hat einen evolutiven Vorteil, weil Männchen und Weibchen sich nach der Paarung gemeinsam um die Nachfahren kümmern!* – sagen die anderen.

Ich bin weder Evolutionsforscherin noch Naturwissenschaftlerin und werde keine Vermutungen anstellen. Doch eigentlich interessieren mich solche biologistischen Argumente beim Thema Monogamie kaum, weder jene der Befürworter*innen noch der Kritiker*innen. Ich denke nicht, dass es für gesellschaftliche Phänomene ausschließlich biologische Erklärungen geben kann – als sei die Naturwissenschaft nicht Teil unserer Kultur und damit über sie erhaben. Als sei das Wissen, das die Naturwissenschaft anhäuft und verarbeitet, nicht ebenso Teil kultureller Prozesse von Wissensaneignung und -selektion. Biologistische Argumente verschließen den Blick davor, wie soziale Phänomene in unserer Gesellschaft aus jahrzehntelanger gesellschaftlicher Wissensproduktion hervorgegangen sind und hervorgehen. Und welche Rolle dabei Macht- und Besitzverhältnisse spielen.

Schaue ich etwa in religiöse Offenbarungsschriften, erfahre ich schnell, was ich in Sachen Monogamie über die Zweierbeziehungen wissen soll: »Du sollst nicht ehebrechen« lautet das sechste Gebot im Alten Testament, wobei sich Gelehrte bis heute darum streiten, was das genau bedeuten soll. In manchen Auslegungen des Gebots gilt bereits die Scheidung als ein Ehebruch.

Seit jeher hegten cis Männer ein großes Interesse an einer Verpflichtung ihrer Ehefrauen zur Monogamie. So wollten sie sichergehen, dass ihre potenziellen (männlichen) Erben tatsächlich ihre genetischen Nachfahren waren. Es ging und geht um die Wahrung von Besitzverhältnissen, um die Anhäufung von

Privateigentum und Kapital von Generation zu Generation innerhalb von Verhältnissen der Blutsverwandtschaft. Um diese Verhältnisse zu wahren, darf die Frau nur ihrem Ehemann *gehören*. Zum Schutze des Eigentums müssen sie und ihre Sexualität selbst zum Eigentum werden.

Geht es also um die misogynen Spuren der Monogamie in der westlichen Geschichte, wird oftmals auf den Ursprung abrahamitischer Religionen verwiesen oder auf die Dominanz des patriarchalen Christentums im Mittelalter. Doch das ist eine verkürzte Betrachtung. Denn die Monogamie hat ihre Geschichte auch im Zeitalter der Aufklärung fortgeschrieben, die sich angeblich von religiösen Dogmen befreien wollte und in deren Tradition sich weite Teile der Naturwissenschaften bis heute verorten. Die Monogamie hat auch eine koloniale, rassistische Geschichte.

Im Juli 1885 verkündete der französische Politiker Jules Ferry vor der Pariser Nationalversammlung die »Pflicht der überlegenen Rassen, die minderwertigen [Rassen] zu zivilisieren«. Damit begründete er das Recht Europas auf gewaltsame, koloniale Eroberungen und die Versklavung der Bewohnenden auf dem afrikanischen oder asiatischen Kontinent wie auch in Südamerika.

Zugleich spiegele sich in dieser Beschreibung der kolonialisierten Menschen die europäische Selbstsicht wider, schreibt die Historikerin Gabriele Metzler in ihrem Aufsatz »›Wir‹ und die ›Anderen‹: europäische Selbstverständigungen«. Indem die Menschen in (West-)Europa – in der Tradition der Aufklärung – permanent ihre Fortschrittlichkeit und Überlegenheit beschworen, hätten sie ein Bewusstsein von Gemeinsamkeit ausgeprägt, eine gemeinsame Identität, die im Kern von dem Selbstbild der *Zivilisiertheit* zusammengehalten worden sei.

Dazu musste das rassifizierte Gegenüber als *Wilde* oder *Barbaren* charakterisiert werden, so Metzler. »Um überhaupt das *Eigene* wissenschaftlich erkennen und verstehen zu können, bedurfte es eines (kolonialen) *Anderen.*«[23] Durch Ableitungen aus Knochenfunden, systematischen Vermessungen von Schädeln und anderen Körperteilen, die die rassischen Unterschiede belegen sollten – eine Praxis, die die Nationalsozialist*innen entsprechend ihrer spezifischen Rassentheorie an Jüd*innen, Rom*nja, Sinti*zze und anderen Gruppen fortführten, um ihre systematische Ermordung zu rechtfertigen –, sei die moderne Anthropologie geboren, also die Wissenschaft über den Menschen und seine Lebensbedingungen. Sie hat also mitunter in der Herstellung einer binären Unterscheidung, einem künstlichen Gegensatz zwischen dem *Wir* und dem vermeintlich fremden *Ihr*, ihren Ursprung.

Doch was hat all das mit der Geschichte der Monogamie zu tun? Die europäischen Kolonien wie etwa das Deutsch-Südwestafrika, das ein Gebiet im heutigen Staat Namibia umfasst, seien sehr männlich geprägte Gesellschaften gewesen, berichtet Metzler. Europäische Frauen hatten zu ihnen kaum Zutritt, wenn überhaupt in Diensten christlicher Missionen. Doch das sollte sich ändern.

Denn von den *weißen* Frauen erhofften sich die Kolonialisierer eine vermeintlich zivilisierende, moralische Wirkung auf die angeblich unzivilisierte Schwarze Bevölkerung (und Zivilisiertheit bedeutete in diesem Zusammenhang vor allem, die kolonisierten Menschen und ihre Arbeitskraft zu disziplinieren, sie für die Ausbeutung ihrer selbst und ihrer Länder verwertbar zu machen). Die *weißen* Frauen sollten in den Kolonien das »Deutschtum« verbreiten. Dazu schlossen sie sich etwa im Frauenbund der Deutschen Kolonialgesellschaft zusammen, der

1907 gegründet wurde: »Das Ideal einer heterosexuellen (...) Zweierbeziehung bzw. einer Familie mit Eltern und Kindern wurde auf diese Weise in die Kolonien transferiert und umgekehrt von dort aus in den westeuropäischen Gesellschaften stabilisiert«, so Metzler.
Dieses Ideal war natürlich zunächst exklusiv *weiß* – und sollte der Schwarzen Bevölkerung als Vorbild dienen. Ehen zwischen *Weißen* und Schwarzen waren gesetzlich verboten, um die sogenannte Rassenhygiene zu wahren.
Dass rassistische und patriarchale Logiken stets nicht nur zusammenhängen, sondern sich auch gegenseitig bedingen, zeigt dieses Beispiel sehr deutlich. Denn zu der Konstruktion einer zivilisierten, *weißen*, bürgerlichen Kleinfamilie gehört auch die Konstruktion einer *weißen*, heterosexuellen, monogamen Frau.

Diese muss ihre Weiblichkeit in Abgrenzung zu der angeblich wilden, sexuell verfügbaren kolonialisierten Frau entwerfen – genauso wie Schwarze Männer als angeblich besonders sexuell potent und animalisch charakterisiert wurden. Diese exotisierenden, rassistischen Stereotypien sind bis heute weit verbreitet. Das zeigt allein ein Blick in die europäische und US-amerikanische Filmgeschichte – von Werken von D. W. Griffith Anfang des zwanzigsten Jahrhunderts bis hin zu Lars von Triers Filmdrama *Nymphomaniac*, in dem die Protagonistin Joe (Charlotte Gainsbourg) zwei Schwarze geflüchtete Männer zum Sex einlädt, deren einziges Problem zu sein scheint, wer in welches ihrer Löcher zuerst eindringen darf.

Geschlechter sind immer rassifiziert und Rassifizierungen immer vergeschlechtlicht. *Interracial* Beziehungen waren etwa lange tabu.
Den ersten *interracial* Kuss in der US-Film- und Seriengeschichte zwischen einem *weißen* und Schwarzen Charakter zeigte die

Serie *Star Trek* im November 1968 (auch wenn es bis dahin durchaus andere *interracial* Küsse in anderen ethnischen Konstellationen gegeben hatte). In der Folge »Plato's Stepchildren« küsst der *weiße* Charakter des Captain Kirk (gespielt von William Shatner) die Schwarze Offizierin Nyota Uhura (Nichelle Nichols). Zu dem Kuss kommt es jedoch nur, weil beide der bösen Macht der Telekinese durch ein außerirdisches Volk zum Opfer fallen. Es handelt sich also nicht wirklich um eine intime, vertrauliche Geste auf Augenhöhe. Die Lippen der Darstellenden berühren sich nicht einmal sichtbar für das Publikum. Und dennoch: Die Folge war ein Politikum. In Großbritannien wurde sie nicht ausgestrahlt. Auch der US-amerikanische Kanal NBC zeigte sich besorgt, der Kuss könne gerade das Publikum aus dem tiefen Süden des Landes erzürnen. Doch es kam wohl anders. Die Schauspielerin Nichols gab nach der Ausstrahlung an, noch nie so viel Fanpost erhalten zu haben.

Das sollte jedoch nicht darüber hinwegtäuschen, mit welcher Grundkonstellation wir es hier zu tun haben: Ein *weißer* Mann küsst eine Schwarze Frau. Nichols berichtete auch von einem Brief mit negativem Inhalt, den sie erhielt: »Ich bin ganz und gar gegen die Vermischung von Rassen«, habe der Leser kommentiert, »wenn jedoch einem echten Amerikaner wie Captain Kirk eine schöne Dame wie Uhura in die Arme fällt, wird er sich nicht wehren können.« Ein *weißer* Mann darf seinen Trieben folgen. Ein *weißer* Mann hat das Recht dazu.

Doch zurück zur Monogamie: Diese galt und gilt auch in anderen Kontexten immer noch als zivilisierendes Ordnungsprinzip. Gehe es um Muslim*innen, werde Polygamie als etwas dargestellt, »das es zu überwinden gilt, als Überbleibsel einer Vergangenheit, die von Anomalien geprägt war«, schreibt der Islamwissenschaftler Ali Ghandour in seinem Buch *Liebe, Sex* *und Allah.* »Der Weg zur Zivilisation vollzieht sich somit durch die Übernahme der monogamen Ehevorstellungen der Europäer des 19. und 20. Jahrhunderts.«[24] Dazu zitiert Ghandour aus der *Psychopathia sexualis*, dem bekanntesten Werk des deutschösterreichischen Psychiaters und Neurologen Richard von Krafft-Ebing. In diesem 1886 erschienenen Buch heißt es: »Die Versittlichung des sexuellen Verkehrs erfuhr einen mächtigen Impuls durch das Christenthum, indem es das Weib auf gleiche sociale Stufe mit dem Manne erhob und den Liebesbund zwischen Mann und Weib zu einer religiös-sittlichen Institution gestaltete. Damit war der Thatsache entsprochen, dass die Liebe des Menschen auf höherer Civilisationsstufe nur eine monogamische sein kann und sich auf einen dauernden Vertrag setzen muss.«

Während Homosexualität und Polygamie bereits in manchen Kreisen im alten Persien und von vorislamischen Araber*innen praktiziert worden seien, habe sich mit dem Einzug des Christentums und mit Einfluss des europäischen Westens die heterosexuelle Monogamie als die normale Sexualität eines zivilisierten Volkes postuliert, meint Ghandour – während alle anderen Wünsche und Beziehungsformen als Perversion ausgelegt worden seien.

So interessant ich auch Ghandours Ausführungen finde, möchte ich an dieser Stelle doch eins unterstreichen: Muslimische Herrschaftsräume, wie etwa das Osmanische Reich, waren nicht nur Opfer *weißer* Kolonialisierung. Bis ins zwanzigste Jahrhundert wurden etwa im Osmanischen Reich Schwarze Menschen von der Sahara bis über den Indischen Ozean von (arabischen) Muslimen versklavt und im Nahen und Mittleren Osten verkauft. Diese Praxis führt sich unter anderem auf sogenannten Sklavenmärkten im heutigen Libyen fort. Muslimische oder muslimisch geprägte Länder kolonialisieren Länder und Menschen bis heute – in Westasien wie in Nordafrika. Und selbstverständlich muss hier auch erwähnt werden, dass es sich bei der Polygamie etwa im osmanischen Kontext um ausdrücklich patriarchale Beziehungsformen handelte, die zum Vorteil von meist wohlhabenden Männern ausgelegt waren. Frauen war es nicht erlaubt, mehrere Sex- oder Ehepartner*innen zu haben.

Mir geht es also nicht um die Frage, ob ich die osmanische Praxis der patriarchalen Polygamie – etwa aus einer feministischen Perspektive – erstrebenswert finde. Das tue ich ganz und gar nicht. Mir geht es nicht um die Frage, ob ich den patriarchalen Islam dem patriarchalen Christentum vorziehe. Ich lehne beides ab. Mir geht es auch nicht um die Frage, ob Muslim*innen und Schwarze Menschen unter dem zivilisierenden Ordnungsprinzip der Monogamie gleichermaßen litten. Davon gehe ich nicht aus. Ich möchte auch nicht behaupten, dass kolonialisierte Länder vor ihrer Kolonialisierung Schlaraffenländer waren, in denen es keine patriarchale, sexistische Gewalt gab. Die gab es durchaus. Mir geht es darum zu verstehen, wie und warum die Monogamie zur modernen europäischen Norm erhoben wurde – und warum die Polygamie in vielen gesellschaftlichen Kreisen noch so verpönt ist und als ein Angriff auf das eigene Selbstverständnis als *weiße*, europäische, zivilisierte Gesellschaft betrachtet wird. Ich möchte zeigen, dass emotionale, romantische Selbstverständnisse Ergebnisse sehr komplexer, historischer Aushandlungsprozesse sind, an denen unterschiedliche Akteur*innen beteiligt waren. Und dass es meistens um politische, geografische oder wirtschaftliche Machtverhältnisse ging.

Es ist kein Zufall, dass bis in die Gegenwart die sogenannte *Vielehe* in rassistischen, antimuslimischen Diskursen als angeblicher Beweis vorgebracht wird, dass Muslim*innen unzivilisiert seien und somit nicht mit den Werten eines modernen Westens vereinbar. 2012 titelte die Tageszeitung *Die Welt* »Polygamie in der Migranten-Parallelgesellschaft« und attestierte einen »Trend zur Vielehe«[25]. Zahlen konnten das nicht belegen (nach Artikeln namens »Polygamie in der Berlin-Mitte-Parallelgesellschaft« suchte ich vergeblich).

Der Blick in die Vergangenheit zeigt vielleicht auch, warum es ein Privileg ist, sich öffentlich bekennen zu können, das Modell der heteronormativen Monogamie abzulehnen. Während sich *weiße* Menschen als cool oder revolutionär preisen können, müssen muslimische oder Schwarze Menschen etwa fürchten, rassistische Stereotypien unfreiwillig zu bestätigen. Hinzu kommen die Widerstände aus den eigenen Communities. Und die eigenen Widerstände.

OFFENE BEZIEHUNGEN: UNFUG, REFORM ODER REVOLUTION?

Im Frühjahr 2015 kaufte ich an einer Hamburger Strandpromenade ein vergilbtes Buch einer Auflage aus dem Jahr 1978. Über fünfhundert Seiten. Es heißt *Wir sind Gefangene. Ein Bekenntnis*. Der 1894 geborene Autor und Dramaturg Oskar Maria Graf schildert darin seine Erlebnisse während des Ersten Weltkriegs und danach über die Revolution von 1918 bis hin zur Gründung und dem Niedergang der Münchener Räterepublik. Erschienen war es erstmalig 1927. Ich las das Buch voller Bewunderung und Ekel: Bewunderung für ein bewegtes, engagiertes Leben eines Antifaschisten; Bewunderung für die Präzision und Klarheit, in der Graf sich als Gefangener der historischen Umstände beschrieb – aber sich selbst auch unbeschönigt als Mitläufer und Opportunist entlarvte. Diese Ehrlichkeit faszinierte mich. Und sie war mir zuwider.

Ich brauchte viele Tage, um die Quelle meines Unbehagens ausfindig zu machen. Da, wo Grafs Worte wie schwere Brocken an den Grund meines Bewusstseins gesunken waren, hatten sie andere, unverdauliche Steine an die Oberfläche gespült, die ich nicht mehr ignorieren konnte: meine eigene Unehrlichkeit.

Denn ich war seit zwei Jahren in einer monogamen Zweierbeziehung mit einem Menschen, den ich in seinem Leben begleiten wollte. Und der mein Leben mit Schönheit und Vertrauen füllte. Doch in den Monaten vor diesem Tag in Hamburg war ein bedrängendes Gefühl in mir herangewachsen, das ich nicht mehr ignorieren konnte: Ich wollte die Beziehung nicht. Zumindest nicht in dieser exklusiven Form.

In den ersten Jahren nach der Trennung meiner Eltern war meine größte Sehnsucht, zu dem vermeintlichen Paradies zurückzukehren, in dem Familienwelten heil und Beziehungen intakt und monogam waren. Weil ich die Erfahrung des Verlusts erlebt hatte, krallte ich mich umso fester an die Erinnerung des Verlorenen.

Doch nun, da ich in einer romantischen Beziehung war, merkte ich, dass ich die Kategorien, mit denen Menschen in monogamen Beziehungen oft um sich werfen, schon lange ablehnte. Etwa die Eifersucht. Ich empfand eifersüchtige Reaktionen, von denen mir andere erzählten, dass sie Liebesbeweise seien, nie als schmeichelnd oder erstrebenswert. Ganz im Gegenteil: Ich erkannte dahinter den Anspruch von Besitz und den Versuch der Bezähmung meiner körperlichen Selbstbestimmung. Ich erkannte Grenzen, die ich nicht mit ausgehandelt hatte. Vorrechte anderer, die ich hinnehmen sollte, weil ich Bestrafung oder Gewalt fürchtete. Ich erkannte Gebote, die vorschrieben, was mit meinem Körper geschehen sollte und durfte. All das wird seit jeher von staatlichen Institutionen etwa mit restriktiven Gesetzen zu Schwangerschaftsabbrüchen durchgeboxt. All das hatte die offen patriarchale Logik in meiner Kernfamilie lang genug verteidigt. All das ist Teil der alltäglichen und politischen Wirklichkeit von weiblichen Personen und Queers.

Wenn ich heute gefragt werde, was mich an nichtmonogamen Beziehungen reizt, kann und will ich auf die Frage keine Antwort geben. Gespräche? Körperliche Intimität? Freund*innenschaft? Verbundenheit? Es ist manchmal alles zugleich und manchmal nichts davon. Jede Begegnung mit einem anderen Menschen ist anders. Bedürfnisse und die Antworten wandeln sich. Ich weiß nur, dass ich in monogamen Beziehungen auf Wissen, Perspektiven und Rollen, in denen ich mich selbst erproben und erfahren könnte, verzichten müsste – und das nicht, weil ich überzeugt bin, dass der Verzicht für mich persönlich begründet wäre. Viele Menschen in monogamen Beziehungen sind anderer Überzeugung. Und das ist legitim. Mir geht es darum, die Wahl haben zu können.

Ich weihte damals meinen Partner in meine Erkenntnis ein. Er reagierte zunächst mit Ablehnung und Angst, die Beziehung zu verlieren. Denn andere Menschen aus unserem Umfeld sagten: »Das ist der Anfang vom Ende! Das zeigt, dass ihr euch eigentlich nicht genügt!« *Genügen.* Als wären Intimitäten mit anderen Menschen Anhäufungen, die ein Loch in uns füllen sollen, in das wir mehr und mehr Stücke stopfen. Oder wir ergattern ein besonders großes, prachtvolles Stück. Dann ist das Loch ausgefüllt. Dann ist *genug.*

Ich zog mich verunsichert zurück. Ich versuchte mich weiterhin an unsere Absprachen zu halten, weil ich meinen Partner nicht verletzen wollte. Und der Trennungsgrund meiner Eltern saß mir tief in den Knochen. Wie konnte ich als Mensch, dessen Kernfamilie am Betrug an der Wahrheit der Monogamie zerbrach, selbst an der Monogamie zweifeln? Ich dachte, dass meine Gefühle nur infolge oder in absoluter Abgrenzung zu diesem Ereignis existieren könnten. Ich wollte um jeden Preis ein besserer Mensch sein. Zu *gut* sein gehörte monogam sein.Doch ich fühlte anders. Deswegen schämte ich mich. Ich kam mir feige vor. Und unehrlich.

Das Großartige an Büchern oder Filmen ist, dass ich etwas über andere und über mich lernen kann, ohne zu erahnen, wann oder wie das neu Erlernte eine Bedeutung haben wird. Für mich hat die Geschichte eines Oskar Maria Graf mein Selbstbild und meine Beziehung verändert. Ich weiß nicht, ob Graf, der offenkundig dringendere Probleme hatte als mein Liebesleben, je damit gerechnet hätte, dass eine Leserin wie ich, fast neunzig Jahre nach der Erstveröffentlichung, nach der Lektüre seines Buchs beschließt: So. Schluss mit der Monogamie. Schluss mit den Unehrlichkeiten. Wir können das ändern. Wir schaffen das gemeinsam. Und viele Jahre und unzählige Gespräche später wissen mein Partner und ich, dass der Abschied von der Monogamie der richtige Schritt war (danke, Oskar Maria!).

Ich habe die letzten Absätze mit einem mulmigen Gefühl geschrieben. Ich habe mich bis zuletzt geweigert, über meinen persönlichen Abschied von der Monogamie zu schreiben, weil solchen Erzählungen oftmals ein unangenehmer Beigeschmack von Möchtegernpionier*innentum anhaftet. In den letzten Jahren wurde eher zu viel als zu wenig darüber gesprochen und geschrieben. Denn während die Monogamie für die Mehrheit der Gesellschaft noch immer die unangefochtene Norm ist, scheint die Polygamie oder Polyamorie in manchen Kreisen von Club-Mate-Trinker*innen als *der* neue Lifestyle beschworen zu werden. Es zeugt von einer gewissen Ironie, dass gerade bürgerliche *weiße* Menschen nun als Pionier*innen gelten, die das heteronormative, monogame Ideal herausfordern – war es doch seit Jahrhunderten das *weiße* Bürger*innentum, das auch gewaltsam für seine Durchsetzung sorgte.

Gleichzeitig gibt es an offenen Beziehungen, zumindest politisch betrachtet, nichts Revolutionäres. Die Autorin Bini Adamczak bezeichnet das Konzept etwa als »reformistisch«[26], da es nicht wirklich aus der hierarchischen Single-Paar-Ökonomie, die oft in der Ehe gipfelt, austrete. Das heißt: Menschen wie ich merken, wie die monogame Zweierbeziehung – zumal die heteronormative – ein Produkt und gleichzeitig Stabilisator patriarchaler, kolonialistischer sowie kapitalistischer Tradierungen und Ökonomien ist (auf den Sinn und Zweck der monogamen Zweierbeziehung für den Kapitalismus komme ich noch zurück). Aber ich erteile ihr keine absolute Absage. Ich verzichte nicht auf romantische Zweierbeziehungen und die Hierarchisierung von Beziehungen. Ich reformiere sie nur. Und helfe in dieser Weise mit, das System aufrechtzuerhalten. Warum? Die Kurzfassung ist: Derzeit empfinde ich das Konzept von Zweierbeziehungen als eine zärtliche Verbundenheit. In der brutalen Ökonomie, in der wir leben, die die Zeit, die wir für andere Menschen haben, auf ein Minimum reduziert, ist sie eine verlässliche Sphäre, in der ich Zärtlichkeit erfahren und mit ihr experimentieren kann. So schöpfe ich Kraft, überhaupt über Revolutionen nachzudenken, überhaupt Bücher zu schreiben. Und gleichzeitig ist mir bewusst, dass all das auch in anderen Formen von Beziehungen zu Menschen möglich sein kann. Und ich will mich diesen Optionen nicht verschließen.

Und ein revolutionärer Moment war der Abschied von der Monogamie für mich persönlich vielleicht doch: eine Revolte gegen die patriarchalen Erwartungen meiner familiären Erziehung, gegen eine imaginierte autoritäre Stimme in meinem Kopf. Ich muss etwa zwölf Jahre alt gewesen sein, als mir meine Mutter in der Küche unseres Hauses eine Geschichte erzählte. Die Borsten des Teppichbodens piksten in meine Sohlen. Ich hatte ihr davon berichtet, dass viele Klassenkamerad*innen die ersten Liebesbeziehungen führten. Da antwortete meine Mutter flüsternd und vertraulich, wie schrecklich das sei. An ihrem Tonfall merkte ich, dass ich nun etwas hören würde, das nicht alltäglich war – und deswegen umso aufmerksamer lauschen musste. Von Töchtern, die in dem Alter bereits in Liebesbeziehungen seien, sei nichts Gutes zu erwarten, sagte meine Mutter. Ich verstand nicht. Sie fuhr fort: Erst kürzlich habe sie in der Zeitung einen Artikel gelesen. Eine Frau habe berichtet, dass sie von ihrem Geliebten verlassen worden sei. Denn sie habe mit ihm Sex vor der Heirat gehabt. Für ihn sei das ein Beweis gewesen, dass er für sie nicht exklusiv sei, sie sich sicherlich ständig lauter Männern hingebe. Und somit wertlos sei. Die Pointe des Artikels sei gewesen, dass die Frau an andere Frauen appellierte: Wiederholt meinen Fehler nicht. Macht euch nicht schuldig. Und wertlos.

Ich habe nie gefragt, welche obskure Zeitung solche angeblichen Lifehacks abdruckt und wo ich die Redaktion finden kann, um ihnen ihr Scheißblatt um die Ohren zu hauen. Ich war stattdessen stolz, dass meine Mutter mich in solche Erwachsenenangelegenheiten einweihte. Und ich nickte ab. Das waren Geschichten, die in dem Umfeld, in dem ich aufwuchs, wie Gutenachtgeschichten erzählt wurden. Verwandte und Bekannte, die mich aufwachsen sahen, machten keinen Hehl daraus, welche Rolle ich als erwachsene Frau einzunehmen hatte: in einer Ehe, exklusiv an der Seite meines Mannes und meiner Kinder.

Auch in der deutschen Dominanzgesellschaft ist das die unangefochtene Erzählung eines guten, anständigen Lebens für weibliche Personen. Sogenanntes Slut-Shaming, das sie wegen ihres vermeintlich sexualisierten Auftretens, ihrer Kleidung oder ihrer sexuellen Aktivitäten abwertet und brandmarkt, ist allgegenwärtig. Enthaltsamkeit ist eine Tugend. Auch dem liegt eine christliche Tradition zugrunde: Es war Eva, die die verbotene Frucht aß und somit ihren zerstörerischen Gelüsten anheimfiel. Die Enthaltsamkeit folgt als Verpflichtung aus der angeblichen weiblichen Erbsünde. Doch auch in und nach Zeiten der Aufklärung sei die Enthaltsamkeit, als eine vermeintlich weibliche Eigenschaft, zu einem überlegenen, moralischen Archetyp, zum höchsten Status der Selbstkontrolle erhoben worden, schreibt Eva Illouz in *Warum Liebe weh tut*. Illouz selbst stellt die Verknüpfung zwar nicht her. Doch ich denke, es ist naheliegend, diese Beobachtung auch in dem Kontext der kolonialistischen Bestrebungen und der Abwertung vermeintlich nicht tugendhafter kolonialisierter Frauen zu betrachten.

Effi Briest, Anna Karenina und Emma Bovary – all diese Figuren der bürgerlichen Literatur des neunzehnten Jahrhunderts haben sich und ihre Familien ins Verderben gestürzt, weil sie keine sittsamen, monogamen Frauen sein wollten. All diese Bücher dienen modernen Film- und Literaturadaptionen als Vorlage. Fast all meine Freund*innen – inklusive mir – haben *Effi Briest* in der Schule gelesen. Die weibliche Keuschheit wird in den zeitgenössischen Ausgaben sogenannter Mädchenzeitschriften genauso beschworen (*Mach dich rar. Sei nicht billig.*) bis hin zu etablierten bürgerlichen Erzählungen, die in vermeintlich progressiven und akademischen Kreisen noch immer kursieren.

Und noch eine Zuschreibung ist durchaus populär: Gerade hetero Männer, mit denen ich über offene Beziehungen spreche, meinen sich gar nicht vorstellen zu können, wie andere Geschlechter mit nichtmonogamen Beziehungen umgehen. Sie unterstellen weiblichen Personen etwa, zu verletzlich, zu unsicher, zu *emotional* zu sein – und sie werten Emotionalität als vermeintlich weibliche Eigenschaft ab. In solchen Augenblicken muss ich mir ein Lachen verkneifen. Ich kenne lauter Menschen, die ein Problem mit offenen Beziehungen haben – egal aus welcher Position der Beteiligung. Es sind fast immer Männer. Sie fühlen sich oft gekränkt. Nicht genug verwöhnt. Sie sind eifersüchtig.

Solche Reformen wie die offene Beziehung bringen keine strukturellen Machtverhältnisse und die Weise, wie unser gesellschaftliches Leben geordnet ist, ins Wanken. Aber sie können mir – zumal in einer marginalisierten Position sozialisiert – bewusst machen, dass meine Bedürfnisse und Widerstände legitim sind. Dass meine Wünsche legitim sind, auch wenn sie den Normen, mit denen ich aufgewachsen bin, widersprechen.

Ich kann im Handeln und Sprechen die Wandelbarkeit meiner eigenen Positionen und infolgedessen die jener anderen gesellschaftlichen Positionen erfahren. Und zugleich begreife ich, dass mein eigenes Machtpotenzial sich nur entfaltet, wenn ich diesen Weg gemeinsam mit anderen Menschen gehe, wir einander in Schutz nehmen und auffangen. Und Ehrlichkeit zulassen, wie auch bell hooks in ihrem Buch *All About Love* fordert.

Denn so reformistisch oder revolutionär (oder was auch immer) mein innerer Abschied von tradierten Rollen, etwa von der Monogamie, sein mag, entfaltet er erst eine reale, zwischenmenschliche Wirkung, wenn ich ihm mit meinen Partner*innen in unserer gemeinsamen Wirklichkeit eine Form gebe. Ich kann nicht auf eigene Faust darüber entscheiden, aus einer monogamen Beziehung eine offene Beziehung zu machen. Und so ändern meine (romantischen) Beziehungen welcher Art auch immer zwar nichts an den politischen Verhältnissen draußen. Doch meine Partner*innen und ich können in unserer Beziehung praktisch üben, was es bedeutet, aus gewaltvollen, hierarchischen Strukturen auszubrechen, rücksichtsvoll und solidarisch zu sein, auch wenn wir zeitweise unterschiedliche Bedürfnisse und Ziele haben. Wir erproben uns darin, andere Menschen zu sein. So helfen wir einander aus der Unehrlichkeit, zu der wir verdammt zu sein scheinen.

VIER: UNGERECHTE BEZIEHUNGEN IN EINER UNGERECHTEN WELT

WILLKOMMEN IM PATRIARCHAT

In Yeşilçam, dem Zentrum der türkischsprachigen Filmindustrie, wurden in den 1960er- und 1970er-Jahren Schätzungen nach mehr als dreitausendfünfhundert Filme gedreht. Ich behaupte, dass ich mindestens die Hälfte gesehen habe.

Selvi Boylum al Yazmalım gehört dazu. Aber auch viele andere Filme, die davon erzählen, wie die romantische Liebe trotz widriger Umstände am Ende triumphiert. Eine immer wiederkehrende Geschichte ist die eines Paares, das gegen die Autorität der Familie revoltiert, sein Recht auf eine gemeinsame Zukunft gegen Väter, Mütter, Onkel und Tanten erkämpft. Mal weil sie aus verfeindeten Familien stammen, mal aus unterschiedlichen Klassen.

Als Zweitgeborene wuchs ich mit dem Privileg auf, Freiräume zu genießen, die meine zehn Jahre ältere Schwester bereits erkämpft hatte. Sie hatte mit meinen Eltern um jedes Stück Anerkennung und Autonomie streiten müssen. Als meine Schwester in der zwölften Klasse war, hatte sie einen Freund, von dem meine Eltern erfuhren. Sie waren gegen die Beziehung, die am Ende an der Heimlichtuerei kaputtging, zu der meine Schwester gezwungen war. Heute sagt sie ernüchtert: »Ja. Scheiße war das.«

Und auch wenn meine Schwester damals der elterlichen Autorität unterlegen zu sein schien, war ihre Auflehnung nicht umsonst. Sie hat widersprochen, den Lauf der Dinge gestört, mir als Vorbild gedient und den Weg für meine Widerstände geebnet. Die Soziologin Eva Illouz schreibt in ihrem Buch *Warum Liebe weh tut*, dass die moderne Idee der Liebe »den freien Willen und die Autonomie der Liebenden«[27] voraussetze. Sie könne dazu beitragen, die vorherrschende patriarchale Macht zu destabilisieren – vor allem jene der Väter.

Gleichzeitig kritisieren viele Feminist*innen an dem Konzept der romantischen Liebe, dass es ungleiche Machtverhältnisse stabilisiere und emotional rechtfertige. Wir ertragen traditionelle Rollenaufteilungen für die romantische Liebe. Wir nehmen für sie in Kauf, uns nach einem Tag der Lohnarbeit in die Haus- und Fürsorgearbeit zu stürzen und am Ende erschöpft ins Bett zu fallen. Wir lassen uns von Streitereien und der symbolischen Arbeit an romantischen Praxen schlauchen, anstatt unsere Zeit für unsere Belange zu investieren, uns zu politisieren, zu engagieren, zu organisieren. Wir ertragen toxische oder gewaltvolle Partner*innen für die romantische Liebe. Wir entschuldigen sie. Wir leiden für die romantische Liebe. Die Liebe rechtfertigt alles, denn sie ist heilig. Ich nenne diese Überzeugung toxische Romantik.

Anfang 2019 startete die Polizei Berlin öffentlich auf Instagram einen Aufruf unter der Überschrift: *Jetzt sucht er dich – wir helfen.* Darin hieß es, ein Kollege habe einer jungen Frau, die hilflos in der Stadt herumirrte, den Weg erklärt. Seitdem gehe sie ihm nicht mehr aus dem Kopf. »Du warst gestern 16:30 Uhr am U-Bhf Hallesches Tor. Wenn das Du warst, melde dich bitte per DM.«

Ich arbeitete damals in der Redaktion eines Onlinemagazins und kommentierte den Vorfall in einem Artikel. Ich schrieb, das Verhalten der Polizei Berlin sei übergriffig. Ich schrieb, dass es ein faktisches Machtgefälle zwischen dem Polizisten und der jungen Frau gebe, das er ausnutze. Dass ein Lächeln, das sie ihm laut Instagram-Beschreibung zum Abschied geschenkt habe, nicht unbedingt eine Aufforderung sei, landesweit und öffentlichkeitswirksam nach ihr zu fahnden. Eine selbstverständliche Geste der Höflichkeit müsse nicht immer als ein exklusives romantisches Geschenk verstanden werden. »Wenn ich als Frau einen Polizisten anspreche, Hilfe bei ihm suche und mich ihm anvertraue, erwarte ich – oder noch eher: habe ich das Recht darauf –, nicht als potenzielle Partnerin oder Lustobjekt wahrgenommen zu werden, deren Äußeres, Lächeln und Auftreten beurteilt wird«, merkte ich in dem Kommentar an. »Denn ich bin ihm ausgeliefert. Wie viel Vertrauen erzeugt das etwa bei Opfern von Stalking?«[28]

Es geht mir nicht darum, dass die besagte Frau die Aktion der Berliner Polizei nicht gut finden *kann.* Oder *soll.* Es geht auch nicht darum, dass dieser junge Polizist und die Frau – sollte sie sich auf das Gesuch melden oder sollten die beiden sich noch mal über den Weg laufen – miteinander nicht glücklich werden können. Doch das Verhalten der Berliner Polizei steht exemplarisch für eine Kultur, in der Höflichkeit und Hilfsbedürftigkeit von weiblichen Personen als flirtender Wink mit dem Zaunpfahl interpretiert und diese Interpretation in der Öffentlichkeit mit aller Selbstverständlichkeit breitgetreten wird (davon abgesehen, dass diese Person ganz selbstverständlich als hetero aufgefasst wird).

Verwunderlich ist das nicht: Die Polizei ist eine staatliche Institution, in der grundsätzlich das Geflecht eines autoritären Machtverständnisses und toxischer Männlichkeitsnormen systematisch geschützt und gefördert wird. Damit wird global weitaus größerer Schaden angerichtet als in diesem zunächst harmlos anmutenden Fall.
Doch ich erzähle all das, weil gerade auch die Reaktionen, die mein Kommentar hervorrief, besonders exemplarisch waren. Er hatte einen Nerv getroffen. Denn ich hatte es gewagt, zwei heilige Institutionen, die in unserer Gesellschaft eigentlich einen Freifahrtschein genießen sollten, auf einmal anzugreifen – und das auch noch als rassifizierte Autorin: die Institution der Polizei und jene der romantischen Liebe. In Lesendennachrichten schlugen mir Wut, Beleidigungen und Empörung entgegen, hauptsächlich von Männern. Andere Lesende hatten viele Fragen: Was ich denn nun gegen das persönliche Glück des jungen Polizisten hätte? Auffällig viele Lesende fragten sich, ob ich denn selbst nie verliebt gewesen sei. Und mindestens zwei, ob ich denn noch nie etwas von Liebe auf den ersten Blick gehört hätte.

Die sogenannte Liebe auf den ersten Blick ist tatsächlich einer der hartnäckigsten Mythen der toxischen Romantik. Selbstverständlich kann mir ein Mensch auf Anhieb sympathisch sein. Es kann knistern. Ich kann mich auf eine unergründliche Art und Weise zu einem Menschen hingezogen fühlen. Doch was hat das mit Liebe zu tun, wenn ich sie im Sinne einer zärtlichen Annäherung auf Augenhöhe verstehen will? Darf ich meine

Machtposition ausnutzen, um meine Projektion – denn kaum etwas anderes kann ein Mensch, der mir nur flüchtig begegnete, für mich verkörpern – Wirklichkeit werden zu lassen? Ohne das Einverständnis meines Gegenübers?

Diese »quasireligiöse Liebesauffassung«[29], um noch mal Eva Illouz zu zitieren, soll uns hilflos gegenüber einer höheren Macht und der Prämisse machen, dass im Namen der romantischen Liebe alles erlaubt sein muss. Wir sollen verstummen.

Gleichzeitig gab und gibt es im Zuge der #MeToo-Bewegung eine breite öffentliche Diskussion darüber, dass Begehren und Intimität einen Konsens aller Beteiligten erfordern und Grenzen respektieren müssen. Die Grenzen errichten wir, indem wir das Schweigen brechen, den Handlungsspielraum definieren, ihn also eingrenzen. Dafür braucht es Raum und Zeit, um für das Erlebte, das Zukünftige, um für Bedürfnisse und Handlungsoptionen treffende Worte zu suchen, Widerspruch zu formulieren – aber auch Zustimmung. Wir müssen reden *können*, damit wir uns freiwillig dazu entscheiden können zu schweigen.

Im Januar 2018 meldeten sich rund hundert französische Prominente, darunter die Schauspielerin Catherine Deneuve, in einem offenen Brief in der französischen Tageszeitung *Le Monde* zu Wort. Sie unterstellten der #MeToo-Bewegung nicht nur, Männer wie »Schweine in den Schlachthof« schicken zu wollen (*»Cette fièvre à envoyer les ›porcs‹ à l'abattoir«*). Sie beschworen auch im reißerischen Pathos ein »Klima einer totalitären Gesellschaft« (*»un climat de société totalitaire«*) und forderten stattdessen »eine Freiheit, jemandem lästig zu werden« (*»une liberté d'importuner«*).[30] Das sei für die sexuelle Freiheit unerlässlich. Denn hartnäckiges oder ungeschicktes Flirten sei kein Verbrechen.

Selbstverständlich gibt es einiges, was ich an der #MeToo-Bewegung kritisieren würde. Etwa dass sie hauptsächlich die Erfahrungen und Bedürfnisse von *weißen*, bürgerlichen cis Frauen anspricht, die sowieso mehr Zugänge zu einer breiten Öffentlichkeit haben. Ebenso dass sie ihre Kritik an patriarchalen Gesellschaften – zumindest im Mainstream – selten auf tieferliegende, strukturelle, politische Verhältnisse richtet. Dass sie sich zu sehr mit Alltagsbeobachtungen vergnügt, statt zu analysieren, wie und warum weibliche Personen, nichtbinäre, inter und trans Menschen in unseren Gesellschaften derart viel Gewalt erleben, ausgebeutet und missbraucht werden.

Und doch sind diese Formulierungen von Deneuve und Co. eine verächtliche Verharmlosung der Schilderungen, die Tausende Menschen unter diesem Hashtag geteilt haben. Die Erfahrungen der Gewalt offenbaren gemeinsame Muster bis hin zu Gesetzmäßigkeiten, die wirkmächtig und Angst einflößend sind. Die Täter*innen erfahren oft keine Konsequenzen. Sich als Überlebende*r zu äußern, sich gegen die Gewalt – auch in intimen Beziehungen – zu stellen, erfordert Mut.

Ein Blick nach Deutschland: Erst seit 1997 sind Vergewaltigungen in der Ehe in der Bundesrepublik faktisch strafbar. Zuvor definierte sie das Gesetz als eine Gewalthandlung, die Menschen zum »außerehelichen Beischlaf« zwang. Innerehelicher Zwang und Vergewaltigung existierte in diesem juristischen Sinne also gar nicht – und war somit nicht Gegenstand von Strafverfolgung.

In der Gegenwart ist jede dritte Frau in Deutschland mindestens einmal in ihrem Leben von physischer und/oder sexualisierter Gewalt betroffen, zeigt die kriminalstatistische Auswertung zur Partnerschaftsgewalt des Bundeskriminalamtes aus dem Jahre

2018.[31] Etwa jede vierte Frau wird demnach mindestens einmal Opfer körperlicher oder sexualisierter Gewalt durch ihren aktuellen oder früheren Partner, nichtbinäre Menschen werden in diesen Statistiken leider erst gar nicht mitberücksichtigt. Die größte Lebensgefahr für Frauen geht demnach immer noch von ihrem Partner aus.

Rund jeden dritten Tag wird eine Frau von ihrem (Ex-)Partner ermordet. Und wenn die Öffentlichkeit überhaupt Wind von diesen Fällen bekommt, stellt sie sich gefühlt jedes Mal dieselben Fragen: Wie konnte es so weit kommen? Warum haben die gefährdeten Personen so lange geschwiegen?

Der Kriminologe Christian Pfeiffer wertete in einer Publikation Erhebungen aus Deutschland von 2014 bis 2016 aus. Er stellte fest: »Von hundert Frauen, die vergewaltigt werden, erlebt nur etwa eine einzige eine Verurteilung.«[32] Das liege daran, dass fünfundachtzig Prozent der Frauen keine Anzeige erstatten würden. Von den übrigen fünfzehn Prozent würden letztlich nur 7,5 Prozent der Täter verurteilt werden. Oft stehe Aussage gegen Aussage. In diesem Falle werde Frauen häufig vorgeworfen, dass sie lügen würden. Laut Pfeiffer bewahrheite sich dies jedoch nur in Einzelfällen. Die große Mehrheit der Frauen, nach seinen Erhebungen rund achtzig Prozent, würden wahre Angaben machen.

Außerdem gibt es unzählige Fälle, in denen Polizist*innen meist weibliche Personen, die sexualisierte Gewalt erfuhren, nicht ernst nehmen – ganz im Gegenteil: Sie machen sie dafür mitverantwortlich, weil sie dies oder jenes trugen. Zur vermeintlich falschen Zeit am falschen Ort. Das nennt sich *Victim Blaming.*

Selbstverständlich betrachte ich nicht jeden Menschen, der sich beim Flirten ungeschickt anstellt, gleich als eine*n Schwerverbrecher*in. Diese Haltung unterstellen Deneuve und Co. offensichtlich Feminist*innen wie mir. Das würde bedeuten, dass ich jedes Mal in der Bar mindestens zehn Schwerverbrecher*innen über den Weg laufe. Doch lese ich den Gastbeitrag von Deneuve und Co., könnte ich denken, dass es bei sexualisierter Belästigung um Ungeschicklichkeiten geht wie ein umgeworfenes Glas. Gesten und Sprüche, die förmlich aus dem Mund stolpern, ganz ohne Intention.

Verbrecherisch ist die Verteidigung eines patriarchalen Prinzips, das Menschen nicht zugesteht, ihre eigenen Grenzen aufzuzeigen, laut zu werden, ihre einzige Chance wahrzunehmen, von anderen Menschen Akzeptanz und Respekt vor diesen Grenzen zu erwarten. »Mein Schweigen hat mich nicht geschützt«, so die Poetin Audre Lorde in ihrer Rede *The Transformation of Silence into Language and Action* (1977).

Verbrecherisch sind Menschen, die die Opfer wegen ihres Widerstands erniedrigen und als hysterische Abtrünnige brandmarken. Verbrecherisch ist die Legitimierung einer gefährlichen Selbstverständlichkeit und Anspruchshaltung, mit der Menschen, die in Machtpositionen sind, Raum einnehmen und auf die Körper anderer Menschen zugreifen, sie konsumieren, ihre Integrität missachten und somit hierarchisieren – als wären diese Körper unbedingt anwesend, um ihre Bedürfnisse nach Nähe oder Anerkennung zu befriedigen. Diese Verhaltensmuster resultieren aus kapitalistischen, sexistischen, aber auch rassistischen und anders diskriminierenden Logiken. Es sind nicht nur cis Männer, die Körper, die in einem Abhängigkeitsverhältnis zu ihnen stehen, sexualisieren und missbrauchen. Es sind auch etwa nichtschwarze Menschen, die Schwarzen Menschen ungefragt in die Haare greifen oder ihre Haut berühren. In beiden Fällen verhalten sich die Täter*innen in kolonialistischer Tradition, die diese Körper zum eigenen Nutzen und zur eigenen Unterhaltung funktionalisieren wollen.

Die Argumentation in dem offenen Brief suggeriert, dass manche Dinge eben zur menschlichen und somit *männlichen* Natur gehören. Es mag zunächst eigenartig klingen, dass gerade in einer Kultur, in der Philosophen der Aufklärung den *weißen* Mann zur Bezugsmitte des Rationalen und der Vernunft bestimmten, dieser plötzlich nur noch triebgesteuert sein soll. Doch diese Argumente hängen zusammen. Sie bedingen einander. Sie sind zwei Seiten desselben Prinzips.

Menschen wie Catherine Deneuve sind offenbar daran interessiert, dass Dinge bleiben, wie sie sind. Sie sind Kompliz*innen der herrschenden Verhältnisse, die derzeit zu ihrem Vorteil zu wirken scheinen. Als *weiße*, wohlhabende cis Frauen verteidigen sie ein Verständnis von Frausein oder erotischer Weiblichkeit, das seit Jahrhunderten Schaden anrichtet. Unter der Gewalt leiden besonders nicht*weiße*, arme, be*hinderte oder queere Weiblichkeiten. Doch es gibt keine Garantie dafür, dass sich die Gewalt nicht auch eines Tages gegen Deneuve und ihre Mitstreiter*innen richten wird. »Euer Schweigen wird euch nicht schützen«: So fährt Audre Lorde in ihrer berühmten Rede fort.

Indem Deneuve und Co. anderen weiblichen Personen ein totalitäres Verhalten vorwerfen, stabilisieren sie die Totalität des romantischen Status quo. Warum haben sie Angst davor, der »Freiheit, jemandem lästig zu werden« einen Konsens der Fairness entgegenzusetzen? Was ist mit der Freiheit, die Lästigkeit anderer Menschen nicht ertragen zu müssen? Und sich dagegen wehren zu dürfen?

Manchmal, wenn sie mit anderen darüber spreche, sich der (romantischen) Liebe mit Offenheit, Vorsatz und Wissen zu nähern, würden ihr diese Menschen mit Angst antworten, schreibt bell hooks in *All About Love*. Die Angst, das alles würde der Romantik ein Ende bereiten. Doch wie bedauernswert ist dieses Ende? Wie begehrenswert ist etwas, das erstickt, wenn Menschen in einen offenen Austausch auf Augenhöhe treten? Ich weiß, dass jede*r dazu eine unterschiedliche Antwort haben wird. Und ich möchte Menschen, die romantische Riten als nicht gewaltvoll erfahren, nicht einreden, dass sie es doch sind. Und doch sind viele romantische Beziehungen gewaltvoll. Und darüber müssen wir angstfrei sprechen können.

All About Love ist ein visionärer Bestseller. Dennoch berichtete hooks in einem Fernsehinterview, dass sich viele Leute von ihrem Buch gleichsam vor den Kopf gestoßen fühlten. Es sei für sie schlicht nicht nachvollziehbar gewesen, dass hooks darin die These aufstellte, dass ein Mensch, der uns verletzte und erniedrige, uns nicht lieben könne. hooks unterscheidet zwischen *love* und *caring*. Ersteres ist laut ihrer Definition, die stark an jene von Erich Fromm angelehnt ist, ein Tun. Liebe versteht sie als eine transformative Kraft, die Machtverhältnisse und unseren Willen, andere zu beherrschen, aushebelt. Wir wollen unser Gegenüber emotional, intellektuell und spirituell wachsen lassen. *Caring* hingegen ist eine fürsorgliche, manchmal punktuelle Zuwendung, die all das vernachlässigen kann. Auch gewaltvolle Eltern können für ihre Kinder sorgen. Oder gewaltvolle Partner*innen in romantischen Beziehungen.

Viele Männer in hetero Beziehungen, meint hooks, würden sich ungern hilflos oder verletzlich zeigen: »Manchmal würden sie ihre Partnerin eher mit Gewalt zum Schweigen bringen, als emotionale Verletzbarkeit zu erleben.« Viele Menschen, die ich kenne – inklusive mir – haben in romantischen Beziehungen mit Männern physische und psychische Gewalt erlebt. Gewalt hat viele Formen. Und selbstverständlich muss sie nicht immer von Männern ausgehen. Manchmal sind es auch Menschen wie ich, die lieber psychische Verletzungen hinterlassen, als zu sprechen, sich zu öffnen, sich verletzlich zu zeigen. Auch jene traditionellen Vorstellungen von Männlichkeit, dominant und rücksichtslos, sind in meinem heutigen Umfeld kaum zu finden. Die meisten Männer, die ich kenne, reflektieren tagtäglich zerstörerische Vorstellungen von Geschlecht und inwiefern dies ihr eigenes Denken und Fühlen kontrolliert. Deswegen stehen sie mir nahe. Auch deswegen sind sie mir wichtig.

Das bedeutet jedoch nicht, dass wir das Patriarchat hinter uns gelassen haben. Denn repräsentativ ist mein Freund*innenkreis nicht. Außerdem interessieren mich keine individuellen Einzelfälle, sondern wie unser (romantisches) Miteinander historisch, sozial und geschlechtlich strukturiert ist – und somit Ungleichheiten erzeugt. Auch in meinem urbanen, queeren Umfeld wirken diese Muster. Wenn auch subtiler.

Die Psychologin Ann-Madeleine Tietge hat für ihre Studie *Make Love, Don't Gender!?* vermeintlich emanzipierte cis hetero Paare unter die Lupe genommen. Im Fokus ihrer Arbeit steht nicht nur die ungerechte Verteilung von Hausarbeit. Da sprechen die Zahlen für sich. Dazu komme ich später noch.

Doch selbst wenn hetero cis Paare die Haus- und Fürsorgearbeit gerecht aufteilen, halten sie an geschlechtlichen Herrschaftsverhältnissen fest, in denen der Mann seine Überlegenheit manifestiert, wie Tietge beobachtet. Etwa in einer Art Mutter-Sohn-Beziehung.
Im feministischen *Missy Magazine* fasst sie ihre Ergebnisse

folgendermaßen zusammen: »Auf den ersten Blick scheinen die mütterlich wirkenden Partnerinnen z. B. als Alleinverdienerinnen dominant und überlegen. Die Partner hingegen wirken auf eine Art welpenhaft und zunächst abhängig, wenn sie nur hobbyartig ihren Berufen als Wissenschaftler oder Künstler nachgehen. Doch durch ihre selbstaufopfernde Haltung arbeiten die Partnerinnen [...] der Selbstverwirklichung ihres sohnhaften Partners zu. Für ihr Wohlergehen müssen die Frauen vor allem selbst sorgen. Ihre Selbstverwirklichung bleibt dabei häufig auf der Strecke, und die männliche Herrschaft besteht vor allem auf der emotionalen Ebene fort.«[33]
Die Überlegenheit drücke sich auch besonders dadurch aus, dass Männer vehementer auf ihre Freiräume, etwa die Möglichkeit, in eine andere Stadt ziehen zu können, pochen würden. Freiheit unter dem Deckmantel der Unverbindlichkeit.

Auch die Soziologin Eva Illouz beobachtet: Obwohl die Bindungsangst Männer und Frauen (und ich würde behaupten, auch alle anderen Geschlechter) betreffe, handle es sich dabei kulturell wie historisch um ein männliches Privileg. In ihrem Buch *Warum Liebe weh tut* diskutiert sie unterschiedliche Erklärungen für dieses Phänomen: die stärkere ökonomische Unabhängigkeit von Männern und ein damit einhergehendes Autonomiebestreben. Oder sexuelle Freiheiten, für die Männer nicht mehr an Ehen gebunden seien. Mit biologischen oder evolutionären Herleitungen kann sie als Soziologin nichts anfangen. Zu Recht. Auch wehrt Illouz sich gegen die psychologisierende Vorstellung, dass bindungsunfähige oder -unwillige Männer *krank* oder *unnormal* seien. Denn das würde bedeuten, dass es einen *normalen* Zustand von Psyche gibt, der einen *normalen* Zustand von Intimität erfordert. Doch Illouz – wie auch mir in diesem Buch – geht es nicht darum, ein neues *Normal* aufzustellen. Mir geht es darum zu verstehen, warum es anderen und Menschen wie mir manchmal so schwerfällt, mich von diesen vergeschlechtlichten Vorstellungen zu lösen.

Denn so sehr etwa meine Freund*innen und ich das Verhalten von hetero Männern in sexuellen oder romantischen Beziehungen problematisieren – so sehr erwarten wir es oftmals auch. Ja, wir sind sogar enttäuscht, wenn es nicht durchscheint. Ich sage über Männer manchmal: »Er hat eine schöne Männlichkeit.« Das soll bedeuten: Er wirkt nicht gefährlich, performt vielleicht eher als das, was ich weiblich nennen würde. Und oft höre ich von Freundinnen, der Mann, den sie gerade daten, sei ihnen »zu ähnlich«. Damit meinen sie: zu emotional, zu verbindlich. Das alles sind Eigenschaften, die immer noch als weiblich verstanden werden.

Auch in bürgerlichen oder konservativen gleichgeschlechtlichen Zweierbeziehungen übernehmen die Partner*innen oftmals diese binären Denkmuster und jeweils unterschiedliche, scheinbar gegensätzliche Rollen (oder sie werden von hetero-cis-Menschen queeren Beziehungen von außen zugetragen): Eine*r übernimmt die vermeintlich *weibliche* Rolle, eine*r die *männliche*. Eine*r ist dominant, eine*r zuvorkommend. Eine*r kümmert sich um den Haushalt, eine*r ums Geld. Eine*r gibt, eine*r nimmt.
Daher stellt bell hooks in ihrem dritten Buch, das sie über die Liebe geschrieben hat, *Communion*, fest: »In unserer patriarchalen Kultur lernen die meisten Menschen die romantische Liebe als eine Verbindung von Gegensätzen kennen.«

Ich halte es überhaupt nicht für verwerflich, in Partner*innen Eigenschaften zu suchen, die man an sich vielleicht vermisst. Ich bewundere meinen Partner für seinen unerschöpflichen Optimismus, während ich oft an der Welt verzweifle. Mehr noch: Er gibt mir Kraft, in dieser Welt weiterhin meinen Platz beanspruchen zu wollen und zu können.

Doch ich halte es für fatal, wenn wir unser Gegenüber, den Menschen hinter diesen formelhaften, verinnerlichten geschlechtlichen oder anderen Oppositionen nicht sehen können. Egal welcher Herkunft, egal welchen Geschlechts. Und wenn wir uns selbst somit nur als Gegenstück in dieser Opposition Gültigkeit zusprechen.

Die Auseinandersetzung mit den historischen Spuren der Gewalt für alle Geschlechter dieses binären Systems und der intersektionale Feminismus halfen und helfen mir jeden Tag zu verstehen, dass ich mehr bin und sein kann als eine Opposition, als ein männliches oder weibliches Prinzip. Platons eine oder andere Kugelhälfte. Ich erinnere mich jeden Tag daran, dass ich nichts und vieles zugleich sein kann: emotional, hart, distanziert, pragmatisch, verbindlich, fürsorglich, loyal und nicht-monogam.

Ich lernte, dass ich meine eigenen Wahrheiten errichten darf, während die Kernfamilie, in der ich aufwuchs, an ihren Wahrheiten zerbrach. Und ich lernte, dass ich dennoch meine Überzeugungen immer wieder auf den Prüfstand stellen muss.

Vor einigen Jahren sprach ich in einem Podcast über Polygamie. Ich lebte zu dem Zeitpunkt seit einem Jahr in einer sogenannten offenen Beziehung. Ich erinnere mich nicht mehr an den genauen Wortlaut. Doch angelehnt an einen Song, in dem das offenkundig weiblich geschriebene lyrische Ich den männlichen Partner aufforderte, sich zwischen ihr und einer anderen Frau endlich zu entscheiden, kommentierte ich flapsig, sie solle sich doch mal locker machen. Er könne doch etwas experimentieren. *Was soll denn das Drama?* Heute schäme ich mich für meine Worte. Sie waren falsch, anmaßend und gewaltvoll.

Denn die Verletzung, die ein Betrug an gemeinsamen Wahrheiten verursacht, ist real. Es ist nicht einfach nur ein Drama. Menschen können sich ausgelöscht fühlen. Die Erfahrung musste meine Mutter machen, als die Ehe zerfiel, die ihr Ankerpunkt im Leben war. Der Vertrauensbruch oder gar eine Trennung, die auf den Bruch folgt, kann verheerende Folgen haben, gerade für Menschen, die in ihren Beziehungen von ihren Partner*innen emotional und ökonomisch abhängig sind.

Heute bin ich überzeugt, dass eine romantische Beziehung – auch eine sogenannte polygame – nur erstrebenswert ist, wenn ihre Rahmenbedingungen auf Konsens basieren. Intimität, Vertrauen und Loyalität gehören für mich heute in einer Partner*innenschaft zusammen. Und Vertrauen gewinne ich durch Offenheit und Ehrlichkeit.

Die Macht der Normen und Erwartungen ist da am wirksamsten, wo sie stillschweigend akzeptiert wird, wo Normen und Erwartungen nicht explizit benannt und zur Verhandlung gestellt werden. Dazu gehört auch die Macht der Norm des Schweigens. Des Ausschweigens.
Das Sprechen über Intimität und Zärtlichkeit kann zwar die Machtverhältnisse, die der Gewalt zugrunde liegen, nicht aushebeln, aber für Betroffene Perspektiven der Unterstützung und Solidarität schaffen. »Hinter jedem gesagten Wort, hinter jedem meiner Versuche, die Wahrheiten zu formulieren, nach denen ich noch immer suche, steht der Kontakt zu anderen Frauen, bei dem wir die Worte auf ihre Berechtigung für eine Welt überprüften, an die wir alle glaubten, in der wir unsere Unterschiede überbrücken«, so die Fortsetzung der Rede von Audre Lorde.

So mächtig sie auch sind – ich kann den tradierten Wahrheiten meine Zustimmung, meine Duldung entziehen. Das bedeutet dann zwar nicht, dass ich von ihnen gänzlich befreit bin. Die Freiheit eines einzelnen Menschen ist nichts wert, wenn sein Gegenüber nicht frei ist, erkannte die Philosophin Simone de Beauvoir. Doch wo ich die Macht der Ordnung durchkreuze, kann ich anderen Menschen ein Angebot machen, gemeinsam nach Wahrheiten zu suchen, die auf Konsens und Fairness beruhen. Ich kann mich für ihre Perspektiven und ihr Wissen öffnen – und das dauerhaft und nicht nur als eine Momentaufnahme meines Gegenübers, die ich selbstzufrieden archiviere.

All das bedeutet, dass ich Verantwortung für mich selbst und andere Menschen übernehmen muss. Welche Rahmenbedingungen gibt es für das, was wir sind, und für das, was wir gemeinsam werden können? Wenn wir über Freiheit sprechen, müssen wir über Gerechtigkeit sprechen.

CHECK YOUR PRIVILEGE! ABER WAS DANN?

In der Nacht des 19. Februar 2020 tötete ein Rechtsterrorist aus rassistischen Motiven in Hanau neun Menschen: Fatih Saraçoğlu, Ferhat Unvar, Gökhan Gültekin, Hamza Kurtović, Kaloyan Velkov, Mercedes Kierpacz, Said Nesar Hashemi, Sedat Gürbüz und Vili Viorel Păun.
Am nächsten Tag las ich die Nachricht nach dem Aufwachen. Meine Gedanken zersprangen in unzählige Splitter, meine Glieder schmerzten. Mir war den ganzen Tag übel, ich weinte im Büro. Vielen Freund*innen ging es ähnlich. Wir waren erschüttert und gelähmt, bis sich die Trauer in Wut umwandelte. Wir dachten an die Angehörigen. Wir hatten Angst und die üble Vorahnung, dass die Opfer schnell in Vergessenheit geraten werden.

An diesem Donnerstag feierten in mehreren Städten Deutschlands Tausende Menschen Karneval. Es gab kein Aufhorchen, keine Störung der Festlichkeiten, keine Absagen. Nichts. Die Opfer von Hanau waren für die meisten Deutschen bereits im Augenblick ihres Todes vergessen. Mein Partner feierte an diesem Donnerstag mit. Er meldete sich nichtsahnend erst am späten Abend. Er hatte von den Ereignissen nichts mitbekommen.

Für mich war das zunächst unverzeihlich. Und die Unwissenheit akzeptierte ich nicht als Entschuldigung. Es war nur ein Zeugnis seines Privilegs als nicht von Rassismus betroffener Mensch, in einem Kreis unterwegs zu sein, in den solche Nachrichten nicht wie Gift hineinsickern, des Privilegs, nicht in ständiger Alarmbereitschaft zu sein, bei Nachrichtenzeilen und Gesprächsfetzen nicht besorgt aufzuhorchen, weil man solche Ereignisse sich bereits anbahnen sieht.

Ich hatte damals das Gefühl, egal wie nah und verbunden wir sein könnten, dass es eine unüberwindbare Kluft gebe. Dass mein Partner nie in Gänze verstehen können wird, was es bedeutet, ich zu sein.

Natürlich sind die durch rechten Terror verbreiteten Traumata und Ängste nicht zwangsweise an eine Hautfarbe, Herkunft oder Identität gekoppelt. Ich will das Leid, das ich als rassifizierter Mensch im Zusammenhang mit dem Anschlag in Hanau empfand, nicht pachten. Und dennoch ist die Angst und Betroffenheit an manchen Tagen eine andere, wenn meine Familie, meine Freund*innen, meine Cousins und Cousinen allein aufgrund der Erscheinung ihres Körpers systematisch als Zielscheibe gelten.

Es ist ein großes Privileg, von rassistischen Anschlägen nicht tagelang erschüttert zu sein, zur Normalität zurückkehren zu können, arbeiten zu können, ein Buch lesen zu können, fühlen zu können, Zärtlichkeit geben und empfangen zu können, sich Gedanken über die Zukunft machen zu können, ohne verloren und ängstlich durch die Gegenwart zu schlittern.

Manche Menschen ziehen einen leichteren Sandsack hinter sich her als andere, weil ihnen qua Geburt manche Traumata, Erfahrungen, Ängste und Scham erspart geblieben sind. Weil ihnen nicht systematisch Räume, Berufe und Bildungswege verwehrt und erschwert werden. Weil sie nicht aufgrund ihrer Körper, ihres Aussehens und ihres Auftretens um ihr Leben fürchten müssen. Weil sie selbstverständliche Grundrechte nicht erst erkämpfen müssen. Diese Vorzüge nennen sich Privilegien. Ich nenne sie strukturelle Privilegien.

Strukturelle Privilegien legen sich gleichsam wie eine Schutzschale um manche Körper und bewahren sie davor, gewisse Formen der Gewalt zu erfahren. Be*hindert zu werden. Opfer von Grenzpolitiken zu werden. Sie schützen davor, in verdachtsunabhängige Polizeikontrollen aufgrund körperlicher Erscheinungsmerkmale zu geraten, sogenanntes *Racial Profiling.* Sie ermöglichen, Vertrauen in den Staat und seine Institutionen zu haben, die Gewissheit, dass sie mich schützen, statt zu verdächtigen. Dieses Vertrauen haben viele rassifizierte Menschen wie ich in Deutschland spätestens seit den NSU-Morden verloren, als Betroffene verdächtigt und die Täter*innen geschützt wurden. Und immer noch geschützt werden.

Es ist ein strukturelles Privileg, gehört zu werden, Glauben geschenkt zu bekommen und sich nicht für die eigenen Erfahrungen und somit den eigenen Körper rechtfertigen zu müssen. Und manchmal einfach unsichtbar sein zu können. In ihrem Buch *Was weiße Menschen nicht über Rassismus hören wollen* hat die Autorin Alice Hasters als Schwarze Person einen fiktiven Brief an einen *weißen* Partner verfasst. Darin heißt es: »Die Welt wird mir mit dir freundlicher vorkommen. Bei Pförtner*innen werde ich das zum Beispiel merken. Im Museum, im Theater oder in Hotels. Kein nonverbales ›Sind Sie sicher, dass Sie hier richtig sind?‹«[34] Strukturelle Privilegien können abfärben, zumindest entsteht dieser Eindruck zunächst.

Das Gefühl hatte ich, als ich vor einigen Jahren mit meinem Partner Urlaub in der ostdeutschen Peripherie machte. In Brandenburg. Ein Bundesland, in dem die AfD bei der Landtagswahl 2019 auf 23,5 Prozent kam. Wir lagen im Garten am Pool, wir gingen in Restaurants und in den Supermarkt. Es war ein unbeschwerter Urlaub. Ein Jahr später fuhr ich mit meiner Mutter und Schwester an dieselben Orte. Die übergriffigen Fragen und Sprüche auf den Straßen, die penetranten Blicke im Restaurant, rund zehn Augenpaare eine Stunde lang auf uns drei Frauen gerichtet – all das machte den Urlaub zeitweilig unerträglich.

So fährt Alice Hasters auch in ihrem Brief fort: »Unser Alltag wird an Glitzer verlieren, die Sinne wieder auf Normalzustand runterfahren. Ich werde dir von den kleinen Situationen erzählen, die ohne dich anders ablaufen. Ich werde dir erzählen, wie die Pförtner*innen sonst zu mir sind oder die Menschen in der Bahn oder hinter der Ladentheke. Du wirst mir nicht glauben. Ich werde das sogar verstehen – wie sollst du es glauben, wenn du es selbst nicht siehst?«[35]

Mikroaggressionen nennen manche Psycholog*innen und Neurobiolog*innen seit den 1970er-Jahren die tagtäglichen Retraumatisierungen, die Menschen als Teil einer diskriminierten Gruppe durch Beleidigungen, Abweisungen, abwertende Botschaften und Ignoranz erleben.
Der Psychologe Derald Wing Sue von der Columbia University unterscheidet dabei grob zwischen drei Ausprägungen. Erstens: Mikroangriffe (*micro assaults*). Dazu zählen offen diskriminierende Angriffe, verbal oder nichtverbal. Zweitens: Mikrobeleidigungen (*microinsults*). Eine *weiße* Person greift in der Straßenbahn panisch nach ihrer Handtasche, weil eine Schwarze Person vorbeiläuft. Jemand verzieht angewidert das Gesicht, weil sich zwei Männer im Restaurant küssen. Es ist eine subtile Form

der Degradierung, Kriminalisierung, die vielleicht gar nicht beabsichtigt ist, aber die Vorurteile der handelnden Person offenbart. Und drittens: Mikroentwertungen (*microinvalidations*). Die diskriminierenden Erfahrungen eines Menschen werden relativiert oder unsichtbar gemacht. Es ist das typische »Ich sehe gar keine Hautfarben«, die etwa Schwarze Menschen zu hören bekommen. Oder ein »Es ist doch ganz egal, wen man liebt!« gegenüber queeren Menschen. Dass ihre (Sex-)Partner*innenwahl an den meisten Orten der Welt mit Verfolgung und Ermordung bestraft werden kann, ist dabei alles andere als egal.

Diskriminierung macht krank. Und sie lässt langfristig auch das emotionale Fundament, das Betroffene mit anderen Menschen in ihrem privaten Umfeld teilen, erodieren. »Unter anderem kann wahrgenommene Diskriminierung grundsätzliches Misstrauen gegenüber Personen oder einer bestimmten Personengruppe hervorrufen und sich so negativ auf die Beziehung zu den betreffenden Personen auswirken«, heißt es in einer Studie der Antidiskriminierungsstelle des Bundes, »sie kann Angst vor weiterer Diskriminierung nach sich ziehen und andere psychische Folgen haben; und Personen können in der Bemühung, weiterer Diskriminierung aus dem Weg zu gehen, suboptimale Entscheidungen treffen, die ihr Leben nachhaltig beeinflussen, wie z. B. den Job zu kündigen wegen Diskriminierung durch Kolleg*innen [...] Darüber hinaus kann allein das Bewusstsein darüber, anhand bestimmter Merkmale diskriminiert werden zu können, die eigene Leistung und Interaktionen mit anderen Personen beeinträchtigen.«[36]

Unterschiedliche Studien beweisen immer wieder, dass queere Menschen eine höhere Wahrscheinlichkeit haben, an Depressionen oder Angststörungen zu erkranken, als cis hetero Menschen.[37] Die deutsche DepressionsLiga beobachtet Ähnliches bei Menschen mit Migrationserfahrung. Und sie sind häufiger suizidgefährdet. Traumata durch Flucht und Vertreibung können sich genetisch einschreiben und noch über Generationen hinweg weitervererbt werden.

In meinem Umfeld sehe ich Körper, die in gewaltvollen Wirklichkeiten leben, die ausgebeutet und sexualisiert werden. Ich bin in einer Familie von arbeitenden Menschen aufgewachsen, die ihre Körper für wertlos hielten, so wertlos, wie sie von Arbeitgebenden behandelt wurden.
Wir leben in einer neoliberalen Gesellschaft, die uns von klein auf verklickert, dass wir als Teil dieser Gemeinschaft nur wertvoll sind, wenn wir Leistung erbringen, erfolgreich sind. Demnach werden Menschen nach ihrem Nutzen für die Volkswirtschaft kategorisiert und bewertet. Gerade im Zuge der Coronakrise 2020 zeugten davon Debatten, die infrage stellten, ob die Mehrheit einer Gesellschaft sich an Beschränkungen des Alltags halten sollte, ob die Wirtschaft leiden sollte, um ältere Menschen und Risikopatient*innen zu schützen. Der Tübinger Oberbürgermeister Boris Palmer sagte sogar im Fernsehen: »Ich sage es Ihnen mal ganz brutal: Wir retten in Deutschland möglicherweise Menschen, die in einem halben Jahr sowieso tot wären.«

Es ist eine Logik der unterschiedlichen Wertigkeiten von Körpern, die umeinander konkurrieren. Als wäre das Recht auf ein würdevolles Leben oder gar auf Überleben eine knappe Ressource, die erkämpft und verdient werden müsste. Die Logik ist gekoppelt an Normen, die diese entmenschlichenden Hierarchien wiederum als angeblich naturgegeben bestätigen sollen – die Norm eines bestimmten Typs von Körper. Schauen wir in die Chefetagen, in den Bundestag oder in Talkshows, erkennen wir, wer als Vorzeigeleistungsträger gilt: überwiegend *weiße*, mittelalte, wohlhabende cis Männer ohne Be*hinderung. Sie verkörpern und setzen zugleich die Maßstäbe für Erfolg oder Scheitern.

Die meisten Menschen aus Arbeitendenfamilien, die ich kenne, haben auch im Alltag lähmende Selbstzweifel, sie fühlen sich in vielen – etwa akademischen und bürgerlichen – Räumen ausgeliefert und ungenügend. Sie verzweifeln an den nötigen Codes und Gesten, dem treffenden Ton den Eltern einer Bekanntschaft oder einer Professorin gegenüber, einer treffenden Bemerkung bei einer Lesung, an der bürgerlichen Etikette, die es ermöglicht, in solchen Räumen nicht als vermeintlicher Sonderling ausgegrenzt zu werden. Ich habe zu lange gebraucht, um zu erkennen, dass in solchen Kontexten, etwa an der Universität, nicht ich das Problem bin oder mein sogenanntes Hochstapler*innen- oder Impostorsyndrom – so wird das Gefühl, deplatziert und ungenügend zu sein, in der Psychologie benannt. Für mich hat das oftmals einen faden Beigeschmack, zumal wenn auf solche Diagnosen keine Analysen folgen, die tatsächliche Ausschlüsse und Machthierarchien durchleuchten und kritisieren. In diesem Falle klingt es dann ganz so, als wären Menschen wie ich krank, abnormal und bräuchten eben etwas länger, um sich anzupassen. (Heute denke ich: Warum sollte ich mich anpassen? Was kann ich etwa dafür, wenn Philosophieseminare in ihren Lerninhalten in den 1960er-Jahren stecken geblieben sind und Platon-Erben mir mit ihren langweiligen Monologen so viel Lebensenergie rauben, dass ich mich nur erschöpft in die letzte Reihe zurückziehen kann?)

Auch die Romantik, die in den letzten Jahrzehnten und Jahrhunderten hauptsächlich von bürgerlichen Dichter*innen, Autor*innen und Künstler*innen beschrieben wurde, lebt von solchen Codes. Was schickt sich bei Dates und was schickt sich nicht? Meist ist Kohle mit im Spiel. In unserer frühen Jugend haben meine Freund*innen und ich versucht, das, was wir in Hollywoodfilmen sahen, nachzuahmen. Wir sagten: Ich lasse mich beim ersten Date von dem Typen doch nicht zu McDonald's ausführen! Der soll mich in ein ordentliches Restaurant einladen! Doch mit welchem Geld? Also gingen wir doch zu McDonald's (und das war die beste Entscheidung).

Mit Anfang zwanzig hatte ich einen dubiosen Verdacht: dass Dinge, die gut sind, mir nicht zustanden. Und dass es mir nicht gelingen würde, sie zusammenzuhalten. Oder dass sie fragil waren und jederzeit auseinanderzufallen drohten. Als ich schließlich eine Beziehung aufbaute, die heilsam und fair war, bekam ich Angst. Ich ängstigte mich, weil sie nicht zerstörerisch und schmerzhaft war, wie ich es in Filmen und Liedern gelernt hatte. Konnte sie dann überhaupt richtig sein? Und als ich merkte, dass sie nicht so leicht an den Rahmenbedingungen zerbrechen würde, malte ich mir die skurrilsten Dinge aus. Dass mein Partner etwa nur ein politischer Agent sei, der Informationen über mich sammeln sollte. Irgendwann begann ich, jeden Tag zu befürchten, dass mein Partner sterben würde. Monat für Monat. Der Gedanke begrüßte mich jeden Morgen wie ein hartnäckiger Fluch. Heute ist es vielleicht so weit, dachte ich. Die Angst verwandelte sich in eine Überzeugung. Ich begann mit der Angst zu leben, als gehörte sie einfach dazu. Mit der Zeit nahm sie immer mehr ab. Und mein Partner lebt, wie ich manchmal erleichtert feststelle, immer noch.

Dieser Verdacht hat einerseits biografische Gründe. Doch spreche ich mit meinen Freund*innen über dieses Gefühl – gerade mit jenen, die auch aus Arbeitendenfamilien kommen, nicht*weiß*, männlich, cis und hetero sind –, offenbaren sich Muster. Manche unterstellen sich, auch in intimen Beziehungen, eine scheinbar unüberwindbare Unzulänglichkeit. (Als emotionales Impostorsyndrom würden Psycholog*innen das wohl bezeichnen.)

Viele rassifizierte weibliche Personen oder nichtbinäre Menschen, hetero oder queer, erleben die Gewalt nicht nur in *weißen* Dominanzgesellschaften, sondern auch in ihren migrantischen Communities. Viele Jahre meiner Jugend war ich in politischen Selbstorganisationen von Migrant*innen türkischer und kurdischer Herkunft aktiv. Die meiste Zeit meiner Jugend wurde ich in diesen Kreisen wegen meines Auftretens, meiner Kleidung, meiner Freizügigkeit getadelt und diszipliniert. Die Scham war meine ständige Begleiterin. Sie machte mich fertig.

Diese Art von Gewalt den Körpern gegenüber sickert in alle Beziehungen. Beziehungen sind keine luftleeren Räume. In Beziehungen begegnen und berühren sich Körper, in die sich die Spuren der Gewalt eingeschrieben haben und wie ein unbelichtetes Negativ einprägen. Das Wort *Trauma* kommt aus dem Griechischen und bedeutet Verletzung, Wunde. Traumata hinterlassen Narben, die sich über den ganzen Körper verteilen. In intimen Beziehungen sind diese Körper vielleicht so nackt wie nie. Und somit so verletzlich wie nie.

Strukturelle Privilegien und Diskriminierungen heben sich auch in romantischen Beziehungen nicht auf. Denn um Beziehungen spannt sich kein Netz, das politische Strukturen auffängt und sie unwirksam macht. Solange mir ein Mensch mit einer Geschichte gegenübersteht und ich diese Geschichte teilen will, ist diese Geschichte immer politisch.

Viele hegen die Hoffnung, dass gerade die romantische Liebe uns frei und mutig machen könnte, Ungerechtigkeiten überwinden und Diskriminierungen abschaffen könnte. Dass sie sich über Normen hinwegsetzen kann. Ich halte das – gelinde gesagt – für einen sehr hartnäckigen modernen Mythos, einen der unsere Beziehungen entpolitisiert und enthistorisiert.

Dieser Mythos suggeriert, dass die Normen der Liebe jenseits des historischen Prinzips der Hierarchien wirken. Als habe sie sich – während europäische Länder den globalen Süden kolonialisierten oder Nationalsozialist*innen Millionen von Menschen in Konzentrationslagern ermordeten – in einer Höhle versteckt. Und als sei die Liebe anschließend in ihrer Heiligkeit und Transzendenz hervorgekrochen, um uns zu erlösen.

Aber ganz im Gegenteil: Auch etwa die nationalsozialistische Gesellschaft war keine Gesellschaft ohne (romantische) Liebe und Gefühle. Liebe war sogar wie Stolz, Leidenschaft und Hass ein politisches Ventil, das aktiv in der Massengesellschaft durch eine faschistische Gefühlspolitik mobilisiert wurde, wie die Historikerin Ute Frevert beschreibt. »Nie zuvor in der deutschen Geschichte hatte ein Staat so zielstrebig auf die Gefühle seiner Bürger durchgegriffen und flächendeckende Mechanismen ersonnen, sie zu erzeugen, wachzuhalten und auf seine politischen Ziele auszurichten.«[38]

Die nationalsozialistische Liebe war eine Liebe zum Führer und zu der arisch imaginierten Volksgemeinschaft. Und sie überdauerte das Kriegsende, wie Frevert ergänzt. Zum Zeitpunkt des Kriegsendes waren die meisten Deutschen immer noch überzeugte Nazis. Und viele von ihnen wurden ohne Konsequenzen in das neue politische System integriert. Über die Kontinuitäten nationalsozialistischer Emotionskulturen in der BRD und DDR – die sich in autoritären Erziehungsmethoden bemerkbar machte genauso wie in der emotionalen Härte der Nachkriegsgenerationen – wurde in den letzten Jahren viel ge-

schrieben und geforscht, mehr als ich es hier in einigen Sätzen zusammenfassen könnte.
Mit Blick auf die (bundes-)deutsche Geschichte und Gegenwart stellen sich jedoch unweigerlich folgende Fragen: Wie zärtlich kann eine Gesellschaft letztlich sein, die nie umfassend entnazifiert wurde? In der Menschen bei dem Hinweis auf die Verantwortung ihrer Eltern und Großeltern im Nationalsozialismus mit Leugnung und Relativierung reagieren? In der sich eine christlich-deutsche Dominanzgesellschaft bei der Aufarbeitung ihrer mörderischen Vergangenheit immer noch mit Denkmälern und Schulausflügen in Konzentrationslager zufriedengibt, anstatt einen antifaschistischen Konsens in allen Bereichen des gesellschaftlichen Lebens einzufordern?

Ist mehr Liebe wirklich die Lösung, wenn sie diese Kontinuitäten nicht infrage stellt?

Auch im Rahmen der transnationalen »Black Lives Matter«-Demonstrationen im Sommer 2020 sah ich in Köln und Berlin immer wieder Plakate – fast immer von nichtschwarzen Menschen hochgehalten –, die mehr *Liebe* forderten: *Love is the answer.* Oder: *We need more love.* Doch Liebe zu wem? Und ist Liebe wirklich die einzig gültige Antwort auf Gewalt? Der US-amerikanische Schwarze Künstler Moses Sumney kommentierte das auf Instagram im Hinblick auf die Opfer von Diskriminierung sehr zutreffend mit den Worten:

»Jemand kann dich lieben und dich gleichzeitig unterdrücken, dich nicht beachten, wenn du deine Stimme erhebst. Es ist Zeitverschwendung, immer auf die Liebe zu verweisen. Stattdessen müssen wir auf die ungleiche Verteilung von Macht verweisen, die hierarchischen Strukturen auflösen, in denen die einen immer unten und die anderen oben stehen.«

Ebenfalls im Zuge der »Black Lives Matter«-Bewegung wurde mein Instagram-Feed von Beiträgen geflutet, die von *weißen* Menschen forderten, ihre »Privilegien zu checken«. »Check your privilege!« ist im ersten Schritt eine Forderung, die ich unterschreiben kann. Die meisten Menschen wissen gar nicht, dass die Dinge, die ihnen selbstverständlich erscheinen, ungleich verteilte Privilegien innerhalb politisch hergestellter Ungerechtigkeiten sind. Es ist ein Privileg, genug Geld zu verdienen. Es ist ein Privileg, etwas anderes als Schulden zu erben. Der Wohlstand vieler deutscher Familien zum Beispiel fußt auf kolonialer oder nationalsozialistischer Enteignung und Vernichtung. Niemand hält also *weiße* Menschen aus christlichen Familien davon ab, ihr Privileg, ihr Wissen, ihre Zeit oder auch ihr Geld abzugeben, sie mit Freund*innen, Partner*innen oder anderen diskriminierten Menschen zu teilen.

Diese politische Verantwortung haben jedoch nicht nur *weiße* Menschen aus christlichen Familien. Auch ich habe sie. Denn ich genieße viele strukturelle Privilegien. Ich bin in Westdeutschland geboren und aufgewachsen, ich habe einen deutschen Pass. Ich habe keinen Krieg erlebt und keine Fluchterfahrung. Ich habe einen Universitätsabschluss, ich bin cis geschlechtlich, nicht be*hindert. Ich habe eine helle Haut. Ich bin dünn und entspreche meist normierten Standards von Schönheit. Manche dieser Privilegien bekam ich in die Wiege gelegt, andere nicht. Und genau hier offenbaren die Diskussionen um Privilegien eine Komplexität, die nicht mit einfachen Formeln zu beseitigen ist.

Gehe ich als rassifizierte Akademikerin etwa eine Beziehung mit einem armen, *weißen* Menschen mit Be*hinderung ein, kann ich unmöglich festlegen, wer der privilegiertere Part unserer Beziehung ist. Ich kann und will Diskriminierungen nicht gegeneinander aufrechnen. Und diskriminierte Menschen können durchaus eigene Privilegien haben, die sie gegen andere Marginalisierte einsetzen. Privilegien sind oft formbar, anpassungsfähig, mehrdeutig. Sie sind nicht universell. Ihre politische Wirkkraft ist stark gekoppelt an Kontexte und historische Gegebenheiten. In der Türkei gehört meine sunnitische Familie etwa zu einer privilegierten religiösen und politischen Mehrheit. Diese Vormachtstellung hört auch in Deutschland nicht auf zu wirken. In hiesigen migrantischen Strukturen sind türkisch-sunnitische Gruppen und ihre Interessen besonders stark repräsentiert – in der Kultur ebenso wie in Institutionen. Gleichzeitig gehört meine Familie in Deutschland zu einer marginalisierten Minderheit. Beide Tatsachen gehören zu meiner Geschichte und Gegenwart.

Privilegierte und Diskriminierte entlang eines starren Rasters zu verorten, bringt außerdem folgende Gefahr mit sich: Wir könnten denken, dass wir diesen vermeintlichen Topf an Privilegien einfach ein wenig gerechter verteilen müssen. Alle dürfen mal zugreifen. Zack. Happy End. Doch sollte es nicht eher darum gehen, den Topf als solchen infrage zu stellen? Denn es nützt kaum, wenn diese Privilegien registriert werden, nur um sich selbst zu entlasten. Es muss darum gehen, sie hinsichtlich ihrer historischen und politischen Ursprünge zu analysieren und diese Kontinuitäten tatsächlich brechen zu wollen. Es geht um eine politische Verantwortung, sich zu organisieren und gemeinsam gegen die Ordnung, die diese belastenden Sandsäcke ungleich verteilt, zu wehren.

Noch unübersichtlicher wird die Angelegenheit mit den Privilegien, wenn ich eingestehe, dass etwa romantische Beziehungen weitaus komplexere Begegnungen sind, als dass ich sie ausschließlich entlang struktureller Privilegien und Diskriminierung erzählen könnte. Denn es gibt viele *situative* Privilegien,

die sich mit strukturellen Privilegien überlappen können. Oder außerhalb dieser Grammatik im engeren Sinne stattfinden.
Ein Beispiel: Ich habe in der Vergangenheit oft die Erfahrung gemacht, in sexuellen, romantischen oder anderen intimen Verhältnissen zu Menschen angstfreier sein zu können, weil ich im Gegensatz zu meinem Gegenüber gleichzeitig in einer anderen Partner*innenschaft lebte. Und ich wusste, dass ich dort getröstet und aufgefangen werde, wenn dieser dritte Mensch mir das Herz brechen sollte.

Daher will ich in jeder neuen Konstellation, in der mir ein Mensch gegenübertritt, den ich wertschätzen und verstehen will, über strukturelle und situative Privilegien nachdenken. Ich will sie auf Augenhöhe verhandeln. Ich will, dass mein Gegenüber begreift, dass auch die Vorstellung, eine romantische Beziehung sei keine politische Sphäre, ein strukturelles Privileg ist. Dass solche Gedanken nur Menschen in den Sinn kommen können, die das Gefühl haben, von politischen Entwicklungen nicht betroffen zu sein.

Gleichzeitig ist mir bewusst, dass es ein großes Privileg ist, Zeit zu haben für all diese Gedanken, Zeit zu heilen, Zeit mir vorzustellen, wie ich meine Beziehungen leben will, Zeit zu lernen. »Die Praxis der Liebe braucht Zeit«, schreibt bell hooks. »Zweifellos lässt die Art und Weise, wie wir in unserer Gesellschaft arbeiten, den Menschen nur eine kurze Zeitspanne, in der sie sich körperlich oder emotional nicht zu erschöpft fühlen, um an der Kunst der Liebe zu arbeiten.«

WIE WIR FREMDE UND FREUND*INNEN ZUGLEICH SEIN KÖNNEN

Nach dem Anschlag in Hanau hatte ich das Gefühl, dass mein Partner und ich nicht in einer gemeinsamen Welt lebten, dass wir einander fremd sind, dass zwischen uns eine Kluft des Nichtverstehens liegt. Gewalt entfremdet Menschen voneinander. Und zugleich lehne ich die Vorstellung ab, dass zu meiner Welt nur Dinge, Ereignisse und Menschen gehören sollen, die mir nicht fremd sind. Es gibt keine absolute Fremdheit zwischen zwei Menschen, genauso wie es keine absolute Nähe gibt. Der Mensch, der mir in dem einen Moment fremd sein mag, kann mir im nächsten Moment nahe sein. Am nächsten.

Ich möchte mich nicht in dem verschanzen, das ich bereits kenne. Denn das, was ich kenne, habe ich mir nicht immer ausgesucht. Fremdheit kann ein produktives Gefühl sein. »Fremdheit stört die Logiken der Ordnung«[39], schreibt die feministische Theoretikerin Christina Thürmer-Rohr. Das Gefühl der Fremdheit zeigt uns die Grenzen unseres Verstehens auf. Mehr noch: Es fordert mich auf, diese Grenzen und den Ursprung der Grenzziehungen infrage zu stellen und sie möglicherweise zu überschreiten.

Was folgt auf die Einsicht der Grenzen und Privilegien? Erkenne ich auch die politischen, historischen Verhältnisse, die diese Grenzen und Privilegien produzieren?

Durch »Fairness, Gleichheit, emotionale Gerechtigkeit und Symmetrie«[40] beschreibt Eva Illouz das moderne, feministische Ideal einer romantischen Beziehung. Solange die Welt eine ungerechte ist, ist das nur ein Zustand, dem sich Menschen in Beziehungen lediglich annähern können. Die Annäherung funktioniert jedoch nur in dem Konsens, Asymmetrien, Gewalt und Machtverhältnisse inner- und außerhalb der Beziehung anzugreifen. Bin ich dazu bereit, mich mit Partner*innen, Freund*innen und fremden Menschen zusammenzutun, um die Ordnung der Dinge zu verändern, Widerstand zu leisten in den gemeinsamen vier Wänden wie auch in der Öffentlichkeit und auf den gemeinsamen Straßen?

Meine Beziehung zu meinem Partner und anderen Herzensmenschen gründet auf dem Konsens, genau das zu tun. Und diese Entscheidung ist letztlich eine politische, eine Entscheidung zur Solidarität, die auch dann greift, wenn wir Erfahrungen machen, die so unterschiedlich sind, dass wir sie als Nichtbetroffene vielleicht niemals nachvollziehen können werden. Wir halten das aus. Wir erleiden Rückschläge. Wir machen Fortschritte. Und solange das so ist, werden wir Fremde und Freund*innen zugleich sein.

FÜNF: EINE NEUE SPRACHE DER ZÄRTLICHKEIT

VON NAMEN, WORTEN UND GESPRÄCHEN

Vor drei Jahren habe ich meinen Namen wiederentdeckt: *Şeyda*. Seit ich denken kann, hatte ich mich mit den hanebüchensten Interpretationen zufrieden- und am Ende geschlagen gegeben. *Seida, Seda. Chedda(r).*

Dabei ist mein Name nicht mal sonderlich kompliziert, weder in Schrift noch Aussprache. Doch manche Lehrende in meiner Schulzeit etwa weigerten sich konsequent, ihn akkurat auszusprechen, ich weiß nicht, ob aus Achtlosigkeit oder Vorsatz. Gleichzeitig sahen sie keinen Widerspruch darin, mit Schüler*innen zu schimpfen, die im Französischunterricht das *Bonjour* nicht geschmeidig genug flöteten.

Ehrlich, mir liegt eigentlich nicht viel an dem Namen. Es sind fünf symbolische Buchstaben, die anderen Menschen helfen sollen, meiner Person einen linearen Sinn zu verpassen. Ich habe ihn mir ja nicht mal selber gegeben! Und verrückt vor Liebe – was *Şeyda* bedeuten soll – bin ich auch nicht. Stell dich nicht so an, sagte ich mir daher die meiste Zeit. Doch nach Jahren der Auseinandersetzung mit Rassismus und seiner subtilen Macht, Menschen und ihre Geschichten, Erfahrungen und Bezeichnungen unsichtbar zu machen, kam ich zu dem Schluss, dass ich das verteidigen muss, was mir offenbar manche Teile der Dominanzgesellschaft verwehren: meinen Namen.

Scheinbar von einem Moment auf den anderen packte mich die Wut. Dann entdeckte ich, dass selbst mein Partner mich in seinem Telefonbuch unter *Seyda* abgespeichert hatte, ohne Cedille unter dem Anfangsbuchstaben. Und da bin ich ausgetickt.

Es ging mir nicht um einen Kringel. Für mich ging es um eine Grundsatzfrage, ob mein Gegenüber bereit ist, aus seiner sprachlichen Komfortzone herauszutreten, um mich anzuerkennen. Die Wut über eine vermeintliche Kleinigkeit, zu der ich lange geschwiegen hatte, überraschte selbst mich. Dementsprechend verdutzt reagierte mein Partner – bevor er schleunigst den Adressbucheintrag änderte.

Vornamen sind politisch. Die Universität Oldenburg fand bereits 2009 heraus, dass Grundschullehrende enorme Vorurteile hegen, wenn sie die Namen Kevin und Mandy auf Klassenlisten entdecken. Die Namen wurden in den letzten Jahren immer wieder im Dienste billiger Pointen deutscher Comedians klassistisch stigmatisiert, als Namen vermeintlich ungebildeter, armer Menschen meist ostdeutscher Herkunft. Und so erfüllt sich die Prophezeiung selbst: Kevin und Mandy werden in der

Schule allein wegen ihres Namens meist schlechter bewertet. Andere Studien belegen, dass Menschen, die Ahmet oder Ayşe heißen, deutlich schlechtere Chancen auf Wohnungen oder Ausbildungsplätze haben. Ich habe Freund*innen, die sich vermeintlich deutsch klingende Pseudonyme anschaffen, um bei Telefonberatungen fair behandelt zu werden.

Namen sind identitätsstiftend. Trans Menschen müssen immer noch so viele Kämpfe gegen die Fremdbestimmung ausfechten, so viele Gutachten, Behördengänge und Gerichtsverfahren hinter sich bringen, damit auf ihrer Urkunde endlich das Geschlecht und der Name steht, der zu ihnen gehört. Das sogenannte Transsexuellengesetz sieht vor, dass eine Person zur Änderung ihres Vornamens und der »personenstandsrechtlichen Geschlechtszuordnung« vor dem Amtsgericht beweisen muss, dass sie etwa seit drei Jahren »unter dem Zwang steht, ihren Vorstellungen entsprechend zu leben« – also den Vorstellungen eines anderen Geschlechts, die wiederum den cis normativen Erwartungshaltungen an ein Geschlecht entsprechen müssen, um das Verfahren positiv abzuschließen. Als würden sie von einer höheren, bösen Gewalt oder einer Zwangsneurose gelenkt werden. Als hätten sie nicht das Recht auf ein selbstbestimmtes Leben und einen selbstbestimmten Namen. Viele weichen daher auf das Gesetz zur Änderung der in das Geburtenregister einzutragenden Angaben aus, das eigentlich Intersexmenschen ermöglichen soll, ihren Geschlechtseintrag (»Dritte Option«) und Vornamen zu ändern. Aber auch hierfür ist das Attest eines Arztes oder einer Ärztin notwendig. Wieder wird ihre Existenz pathologisiert.

Namen sind selten eine willkürliche Aneinanderreihung von Lauten. Sie referieren oftmals auf Gegenstände, Ideen, historische oder religiöse Figuren. *Özgür* bedeutet auf Türkisch *frei. Jîyan* auf Kurmancî *Leben.* Die Namen formulieren eine Sehnsucht, eine Geschichte, verhandeln Familientraumata oder politischen Widerstand. Weil in ihren Namen die kurdischen Buchstaben *Q*, *X* oder *W* auftauchen, die seit der Buchstabenrevolution (1928) in der Türkei verboten sind, bekommen dort manche kurdische Kinder bis heute keinen Pass. Werden Kinder kurdischer Eltern mit türkischer Staatsangehörigkeit in Deutschland geboren, bekommen sie auch hierzulande meist keine kurdischen Namen. Denn türkische Behörden geben die Listen der zugelassenen Namen an deutsche Behörden weiter. Die internationale Bürokratie sichert in diesem Fall die politische Unterdrückung über die Grenzen hinaus.

Dass ihre Namen verfremdet, auf beliebige Rufnamen reduziert werden, kann Menschen, die Diskriminierung und Unterdrückung erfahren, verletzen und (re-)traumatisieren – gerade in intimen Gefühlsräumen wie in (romantischen) Beziehungen oder Freund*innenschaften, die sicher und fair sein sollten.

Genauso ist es niemals gerechtfertigt, wenn Freund*innen und Partner*innen auf Begriffe und Zuschreibungen beharren, die in Zusammenhang mit rassistischer, antisemitischer, sexistischer, ableistischer, klassistischer und anderen Formen von Diskriminierung, Entwürdigung und Auslöschung stehen. Eine Beziehung zu einer marginalisierten Person ist kein Freifahrtschein für Grenzüberschreitungen. Und am allerwenigsten stehen die Partner*innen, die wütend oder enttäuscht sind, in der Verantwortung, das Problem geduldig erläutern zu müssen. Von marginalisierten Menschen wird allzu oft erwartet, dass sie sich selbst erklären, die Quelle ihrer Kränkungen, die Geschichte ihrer Community, ihrer Eltern und Großeltern, die in kaum einem Geschichtsbuch einer deutschen Schule vorkommt.

Doch wenig hindert uns daran, den Namen, die Herkunft, die Geschichte, die Kämpfe zu googeln, die damit einhergehen, der Mensch zu sein, der unser*e Partner*in ist. Du als *weiße* Person verstehst etwa nicht, warum deine Partnerin entsetzt den Kopf schüttelt, wenn du sie »meine orientalische Schönheit« nennst? Die Antwort könnte sein, dass die Bezeichnung exotisierende, sexualisierende Bilder und Klischees bedient. Die Bauchtänzerin etwa, die für das *weiße* Publikum tanzt. Die Machthierarchien sind eindeutig. Besuch einen Workshop zum Thema Orientalismus. Kauf dir ein Buch. Die Welt ist voller Wissen, das von dir entdeckt werden will.

Viele Menschen sind oft handlungsunfähig gegenüber roher Wut, die etwa von weiblichen, queeren oder rassifizierten Personen ausgeht. Denn es ist Wut, die eigentlich nicht existieren soll. Wut, die nicht in Enttäuschung, Rückzug oder Manipulation verpackt wird. Wut, die gebändigt und abgewertet werden soll, durch Begriffe wie *hysterisch*, durch tadelnde Autoritätspersonen, Polizist*innen, Freund*innen, die ihren Ekel nicht verbergen, Stimmungen, die kippen, die verstörende Stille, die folgt. Dann kommt die Scham, die eigene Wut gezeigt zu haben.

Vor einigen Jahren habe ich meine Wut wiederentdeckt. Und sie war entgegen allem, was ich bis dahin gelernt hatte, nicht zerstörerisch. Ich war produktiv wie nie zuvor. Ich schrieb und schrieb. Dann habe ich die Wut in meine Beziehung getragen. Ich habe gefordert, wo ich früher geschwiegen hätte. Ich habe mich verletzlich gezeigt, wo mich die Scham früher daran gehindert hätte. Je mehr mein Partner der Wut Türen und Tore geöffnet hat, desto mehr ist sie abgeklungen.

Es gibt unzählige Ratgeber, die Menschen dabei helfen wollen, in romantischen Beziehungen gelungener zu kommunizieren

und Konflikte lösen zu können. Ich freue mich, wenn's hilft. Denn wie es so schön heißt: Kommunikation ist der Schlüssel. Doch allzu oft verkennen diese Ratgeber, dass sich Menschen aus unterschiedlichen Sprecher*innenpositionen äußern. Einmal brachte ein Freund ein Buch über gewaltfreie Kommunikation vorbei. Allein der Titel ärgerte mich. Was sollte »gewaltfrei« überhaupt heißen? Blümchen und Bienen? In welcher Welt soll das helfen? Ich dachte: *Ich habe Jahre gebraucht, um meine Wut wieder zu erlernen, und dann kommt so ein Dude und will sie mir wieder wegnehmen.*
So einfach ist es natürlich nicht. Genauso wie ich damals ein verkürztes Verständnis von Konzepten gewaltfreier Kommunikation hatte, haben viele Menschen ein verkürztes Verständnis von gewaltvoller Sprache in einer Partner*innenschaft. Ist nur brüllen und beschimpfen gewaltvoll? Oder ist es nicht mitunter noch viel gewaltvoller, Menschen auch in ruhigem Ton zu degradieren, sie mit Zuschreibungen anzusprechen, die diskriminierend, retraumatisierend oder manipulativ sind?

Auch eine verweigerte Anerkennung könne »schwerwiegender wirken als physische Verletzungen und Nicht-angesprochen-Werden schmerzhafter sein als verbalisierte Erniedrigungen«, schreibt Christina Thürmer-Rohr. »Die Gewalt ist nicht nur bei denen, die den Verschluss des Bewusstseins vor dem Eintritt der anderen Erfahrungen zum stillschweigenden Konsens machen. Die Stummheit der Gewalt signalisiert den Anderen ihre Entbehrlichkeit und hat auch innere Gefährten zum Verstummen gebracht.«[41]
Und täuscht Gewalt auf aggressive Äußerungen zu reduzieren nicht darüber hinweg, dass die Sprache, die wir benutzen – in der ich schreibe – an sich bereits gewaltvoll ist, weil sie etwa Menschen jenseits der binären Geschlechtervorstellung weitestgehend unsichtbar macht (trotz der Verlegenheitslösung in

Form eines »*«, das nur als Platzhalter dient)? Wie Sprache gesellschaftliche Subjekte, insbesondere vergeschlechtlichte Subjekte hervorbringt, beschäftigt unter anderem Philosoph*in Judith Butler. Laut Butler definieren Menschen sich innerhalb einer binären Geschlechtsmatrix als Mann oder Frau, weil ihnen diese Kategorien des Selbst mitunter sprachlich zugetragen werden, etwa durch Pronomen wie »sie« oder »er«. Durch die ständige Wiederholung dieser sprachlichen Muster werden diese Zuschreibungen *wirklich*. Und zu einer vermeintlich objektiven, kollektiven Wahrheit, die andere Wahrheiten und Subjektivitäten eben unsichtbar macht.

Und ist Sprache nicht oftmals ein Instrument der Disziplinierung und Herabsetzung gegenüber Menschen, die ihrer angeblich nicht mächtig genug sind, wie die Jahrzehnte andauernden rassistischen Debatten um deutsche Sprache als deutsche *Leitkultur* beweisen?

Eine vollkommen gerechte Sprache kann es meiner Meinung nach nicht geben, auch nicht in intimen Beziehungen und Freund*innenschaften. Aber es kann eine gemeinsame Annäherung geben. Und dafür gibt es Tools.
Heute weiß ich, dass es in Konzepten gewaltfreier Kommunikation nicht darum gehen muss, andere Menschen ruhigzustellen. Deswegen bevorzuge ich wie viele andere den Begriff der *wertschätzenden* Kommunikation. Das bedeutet, dass ich die Gewalt, die mein Gegenüber erfahren hat, und die Wut, in der sie sich äußert, ihm nicht zum Vorwurf mache. Es geht darum, mein Gegenüber zu schätzen und seinen Erfahrungen und Bedürfnissen Wert zuzusprechen. Es geht aber auch darum, meine eigenen Bedürfnisse zu kommunizieren – und sie erst mal zu erkennen. Und letztlich geht es darum, um Lösungen zu bitten und sie anzubieten: »Ich habe das Bedürfnis nach Fairness in

unserer Beziehung. Welche Möglichkeiten fallen dir ein, um dieses Bedürfnis zu befriedigen?«

Doch auch bei der Äußerung von Bedürfnissen innerhalb von Beziehungen gilt es, die Machtverhältnisse, die unserer Gesellschaft und unseren Verhältnissen zu anderen Menschen zugrunde liegen, nicht zu ignorieren. Für Menschen in privilegierten Positionen, etwa für wohlhabende, *weiße* oder cis Personen, kann es eine viel selbstverständlichere Angelegenheit sein, ihre Bedürfnisse zu äußern. Denn unsere gesamte Geschichtsschreibung ist eine, die entlang den Interessen, den Zielen und Wünschen herrschender Gruppen und Subjekte erzählt wurde. Ihre Bedürfnisse werden seit Jahrhunderten formuliert und thematisiert.

(Wertschätzende) Kommunikation in Beziehungen kann nur funktionieren, wenn sich die Partner*innen über diese historisch gewachsenen Ausgangsbedingungen im Klaren sind, wenn strukturell privilegierte Menschen dazu bereit sind, einen sicheren Raum für die Bedürfnisse ihrer Partner*innen mit erschaffen zu wollen. Und wenn sie auch mal zurücktreten können und das Schweigen ihrer Partner*innen nicht leichtfertig als Bedürfnislosigkeit deuten.

Je konkreter ich meine Bedürfnisse formuliere, desto größer ist die Wahrscheinlichkeit, dass ich und andere Menschen sie befriedigen können. Desto verständlicher mache ich für mich und andere Menschen Verletzungen, an denen ich leide. Vielleicht hilft es mir zu heilen.

Doch gerade im Kontext romantischer Liebe habe ich oft Angst, konkret zu werden. Denn je konkreter ich formuliere, desto höher ist die Wahrscheinlichkeit, dass meine Bedürfnisse jenen anderer Menschen widersprechen. Dass ich vielleicht verurteilt werde. Ich habe Angst, mir selbst zu widersprechen. Dass sich plötzlich Ungereimtheiten jenseits festgelegter Denk- und Gefühlsmuster offenbaren, mit denen ich mich auseinandersetzen muss. Die eigenen Widersprüche auszuhalten, sich tatsächlich mit der eigenen Individualität zu beschäftigen, ist oftmals eine schmerzvolle, beängstigende Erfahrung. Denn ich bin dabei sehr einsam. Und doch bevorzuge ich manchmal die Einsamkeit, statt sprachlos zu bleiben.

Gerade in der romantischen Liebe fühle ich mich einerseits umzingelt von angeblichen Gesten und Worten der Zuneigung: *Schatz, Liebling, Du bist mein Ein und Alles, All You Need Is Love, Liebe gewinnt. Ich liebe dich.* Es scheint, dass ich in dieser Gesellschaft von mir selbst und von anderen nur als liebendes Subjekt anerkannt werden kann, wenn ich auf diesen Kanon der Liebesbekundungen zurückgreife und mich immer und immer wiederhole. Die romantische Liebe verlangt oft eindeutige Formeln. Floskeln. Die Zeichen der Liebe haben keine Vielfalt. So bleibe ich als liebendes Subjekt oft sprachlos, scheue die Präzision.

Ich bin oft hilflos, wenn Menschen von *der* Liebe sprechen. Denn was ist *die* Liebe? Ich könnte tausend Menschen fragen, ich würde tausend Antworten bekommen. Diese Vielfalt an Perspektiven wäre bereichernd, wenn mir nicht gleichzeitig die unumstrittene Omnipräsenz des Begriffs in Büchern, Reden und Predigten suggerieren würde, dass es eine kollektiv festgelegte Bedeutung *der* Liebe gäbe. Oder des Satzes: *Ich liebe dich.*

Auch bell hooks beschäftigt sich in ihrem Buch *All About Love* mit dem sprachlichen Ausdruck von Liebe. Da hooks Liebe als einen kontinuierlichen Schaffensprozess versteht, der einer

Entscheidung, lieben zu *wollen*, bedarf, spricht sie sich für sprachliche Anpassungen aus, die ein Bewusstsein für die eigene Verantwortung schaffen sollen. Anstatt »falling in love« (das durch das Bild des *Fallens / Stolperns* eine unkontrollierte, von außen gelenkte Handlung suggeriert) oder »I think I'm in love« (*Ich glaube, ich bin verliebt*) plädiert sie für Formulierungen wie »I've connected with someone in a way that makes me think I'm on the way to knowing love.« (*Ich fühle mich mit einem Menschen derart verbunden, dass ich glaube zu lernen, was Liebe bedeutet*). Oder ganz schlicht: »I will love.« *Ich werde lieben.*

Menschen, die mir nahestehen, und ich sagen und schreiben uns oft, dass wir uns lieben. Denn wir sehnen uns nach dieser Offenbarung, die uns wie eine warme Umarmung umschließt. Doch manchmal frage ich mich, ob dies uns nicht davon abhält, unter die Oberfläche zu schauen, uns wirklich mit unserem Gegenüber auseinanderzusetzen und dem, was dieser Mensch für unser Leben tatsächlich bedeutet.

Manchmal frage ich mich, ob wir das Verb *lieben* abschaffen sollten. Und das Substantiv *Liebe* gleich mit.
Denn gerade in romantischen Beziehungen scheint er mir Bedürfnisse nach körperlicher Zärtlichkeit, Sicherheit, Gerechtigkeit, Ehrlichkeit, Vertrauen und die Freude, all das zu empfangen, zu umschreiben und zu mystifizieren. Bezeichnet der Begriff der Liebe letztlich meist nichts anderes als die Menge vieler unterschiedlicher positiver, konkreter Gefühle, die wir genauso konkret benennen könnten? Oder für die wir gemeinsam konkrete Bezeichnungen suchen könnten?

Auch der Soziologe Norbert Elias beschäftigte sich mit der Macht von Wissen und Sprache.[42] Damit alle Mitglieder einer Gesellschaft in demselben artikulierten und gehörten Lautmuster, also Wort, denselben Sinn erkennen, bedürfe es einer sozialen Standardisierung. Die Lautmuster stehen somit für einen Wissensgegenstand. Die Mitglieder einer Gesellschaft können dementsprechend in ihrer Kommunikation auch nur das wissen, dem Sinn geben und abdecken, für das sie ein Lautmuster kennen. Alles außerhalb ist jenseits der Wahrnehmungs- und Denkschemata. Ihnen bleibt also all das unbekannt, was in ihrer Sprache nicht durch einen Namen repräsentiert ist. Sie können nicht nur Dinge nicht beim Namen nennen, sondern auch Sätze eines gewissen Inhalts nicht formulieren.

Was könnten wir noch alles wissen, empfinden, formulieren, wenn wir gemeinsame Räume hätten, die es erlaubten, soziale Standards aufzubrechen, nach neuen Lautmustern, Symbolen und Sinnen zu suchen?

Die romantische Liebe wird seit jeher im Kapitalismus absichtlich als ein Mythos konstruiert. Ein Mythos, der im Wesen so undefiniert bleiben muss, dass mir jede explizite Beschreibung unzureichend erscheint. Also kaufe ich, konsumiere ich, orientiere mich entlang kapitalistischer Standardisierungen. Ich versuche ein Lebensgefühl zu konservieren, um dem Mythos Liebe Gestalt zu geben. Diese fünf Buchstaben, *Liebe*, legen sich wie ein bedeutungsschwangerer Nebel auf meine Gefühle.
Nur wenn ich in meinen Gefühlsäußerungen so unkonkret wie möglich bleibe, kann ich dieses mystische Heilsversprechen aufrechterhalten. Und vielleicht reden wir so gerne über die Liebe oder hören ein einfaches *Ich liebe dich*, weil es uns entlastet, uns eine Vollkommenheit des absolut Wahren und Schönen und der Zugehörigkeit vorgaukelt, an die ich nicht glaube. Diese Idee ist gerade für monogame, bürgerliche Beziehungen wesentlich.

Der Philosoph Roland Barthes schreibt in seinem Buch *Fragmente einer Sprache der Liebe*: »Mit einer sonderbaren Logik nimmt der Liebende den Anderen als Ganzes wahr [...], und zugleich scheint ihm dieses Ganze einen Rest zu enthalten, den er nicht aussprechen kann. Es ist der ganze Andere, der ihm eine ästhetische Vision einflößt: er preist ihn als vollkommen, er rühmt sich, eine vollkommene Wahl getroffen zu haben; er stellt sich vor, daß der Andere, ganz wie er selbst, nicht um dieser oder jener Eigenschaft willen geliebt werden möchte, sondern als *Ganzes*, als dieses *Ganze*, er gewährt ihm das in Gestalt eines leeren Wortes.«[43] Ein vermeintlich vollkommener Mensch bleibt reine Projektion, *meine* Projektion, die mit meinem Gegenüber nicht viel zu tun haben muss. Würde ich ihm Schwächen eingestehen, müsste ich damit zurechtkommen, dass der Mensch, dem ich nahe sein will, sich wandelt, sich hinterfragt, strauchelt und mit sich bricht. Ich müsste ihn sprechen lassen, aufrichtig zuhören, wirklich zuhören.

Es ist paradox: Einerseits scheint die Idee der romantischen Liebe von ihrer Form- und Sprachlosigkeit zu leben. Gleichzeitig wird sie entlang festgelegter Pole, Standardisierungen und vermeintlicher Gegensätze erzählt, die keine Mehrdeutigkeiten und Ambivalenzen zulassen. Noch paradoxer scheint mir, dass ich diese Eindeutigkeiten und Binaritäten nur durchbrechen kann, wenn ich anfange, meine Gefühle so präzise wie möglich zu benennen. Und auch erst dann könne das Schweigen als Element eines Dialogs bestehen bleiben, als Teil eines wahren Miteinandersprechens, »das zum Schweigen zurückfindet«, wie Thürmer-Rohr schreibt. »Schweigen als Intensivierung des Erlebens, als Konzentrierung des Denkens, als Zeitgewinn, die Leere schafft und hinterlässt, um sie wieder mit noch unbekannten Inhalten füllen zu können.«[44]

Lasse ich mein romantisches Gegenüber eine Worthülse bleiben, die ich mit ritualisierten Worten und Sprüchen fülle, den ich als sprachlichen Platzhalter und als Gegenpol zu mir entwerfe, gestehe ich ihm keine individuellen Bedürfnisse zu. Dies hindert mich daran, mich selbst zu hinterfragen, meine Fähigkeiten, mit diesem Menschen in eine aufrichtige Verhandlung zu treten und so neue Wege der Zärtlichkeit zu erproben, die sich nicht in motorisierten Abläufen abspulen.

Ich weiß, dass ich all das aus einer bequemen Position schreibe, als Autorin und Journalistin, für die Sprache ein Werkzeug ist, mit dem ich tagtäglich arbeite.
Doch die Sprachlosigkeit ist nicht vom Himmel gefallen. Sie ist keine Strafe Gottes und kein Schicksal. Hinter ihr steckt Gewalt und System. Radikale Zärtlichkeit bedeutet, gegen dieses Kalkül laut zu werden. Sie bedeutet, das erzwungene Schweigen durch das aufrichtige Wort und den gemeinsamen Wunsch nach Stille zu ersetzen. Sie bedeutet, einen Menschen zu benennen, wie er benannt werden will. Radikale Zärtlichkeit bedeutet, im Rahmen meiner Möglichkeiten meiner Verantwortung nachzukommen, mir und meinem Gegenüber einen Sprachraum zu bieten, der es uns beiden ermöglicht, uns in unserer Verschiedenheit und Gemeinsamkeit anzuerkennen und zu erfahren. Und so wirklich füreinander da zu sein.

DAS ALTERNATIVE ALPHABET DER ZÄRTLICHKEIT – FÜR WORT UND TAT

A wie **Anerkennung**. Ich sehe und höre dich in der Gesamtheit deiner Präsenz, die du mir offenbaren willst. Ich erkenne dich an, mitsamt deinen Unsicherheiten, deinen Bedürfnissen und Widersprüchen.

B wie **Berührung**. Berührungen sind nicht konstitutiv für unsere Beziehung. Aber ich genieße jede Berührung von dir. Und ich dränge dir keine Berührung auf. Deine Berührungen sind warm und tragend.

C wie **Chronik**. Ich will mit dir eine gemeinsame Geschichte schreiben, die frei von Kategorien und dem Zwang der Linearität ist. Ich bin offen für deine Perspektive auf unsere Geschichte.

D wie **Dankbarkeit**. Ich bin dir dankbar für deine Unterstützung, deine Gedanken und dein aufrichtiges Zuhören. Ich weiß, dass all das nicht selbstverständlich ist.

E wie **Entschuldigung**. Ich bitte dich aufrichtig um Entschuldigung. Ich erkenne meinen Fehler. Ich werde alles in meiner

Macht Stehende tun, um den Fehler nicht zu wiederholen. Und: Ich weiß, dass ich mich nicht selbst entschuldigen oder mich selbst entlasten kann.

F wie **Faulheit**. Dein Wert misst sich nicht anhand deines beruflichen Erfolgs. Wir schaffen gemeinsam Räume, in denen wir uns dem Leistungsdruck in dieser Gesellschaft verweigern. Wir schaffen Räume des Verweilens.

G wie **Glaube**. Ich glaube dir. Punkt.

H wie **Harmonie**. Ich beharre nicht auf Harmonie. Ich sehe nicht über deine Wut und Enttäuschung hinweg, weil ich Angst vor der Auseinandersetzung habe. Ich bin jedoch bereit, mit dir an einem gemeinsamen Frieden zu arbeiten, der uns beide nicht unsichtbar macht.

I wie **ich**. Ich und du existieren auch außerhalb unseres Wirs.

J wie **ja**. Ich verstehe dein Ja zu unserer Beziehung, zu unserer Körperlichkeit nicht als absolutes Zugeständnis. Ich biete dir Möglichkeiten und Gelegenheiten des Austauschs, um dein Ja zurückzuziehen. Ich versuche mit deinem Ja so behutsam umzugehen wie mit einem Katzenbaby.

K wie **Körper**. Dein Körper ist bedingungslos schön. Aber er befriedigt nicht nur meine ästhetischen Bedürfnisse. Ich erkenne, dass dein Körper leiden und schmerzen kann. Ich sehe, dass andere Menschen deinen Körper angreifen. Ich bin bereit, deinen Körper zu verteidigen und zu beschützen.

L wie **Lernen**. Es ist bereichernd, von dir zu lernen, an deinem Wissen und deinen Erfahrungen teilhaben zu können. Ich weiß, dass es nicht immer einfach ist, dein Wissen und deine Erinnerungen aufzufrischen und zu teilen. Ich danke dir dafür.

M wie **Möglichkeiten**. Ich verschließe mich nicht vor den Möglichkeiten, wer du werden kannst, wer ich werden kann, was wir werden können – und werden.

N wie **nein**. »Nein« heißt nein. »Ich fühle mich heute nicht so danach« heißt nein. »Vielleicht später« heißt nein. »Noch nicht« heißt nein. »Das geht mir zu schnell« heißt nein. »Das tut mir weh« heißt nein.

O wie **Organisation**. Ich bin dazu bereit, unser gemeinsames Leben zu *organisieren*. Ich weiß, dass unser gemeinsames Leben Engagement und Arbeit erfordert. Ich mache dir das nicht zum Vorwurf. Ich suche mit dir gemeinsam nach Wegen, die uns beiden die Organisation unseres Lebens einfacher machen.

P wie **Pflege**. Bevor ich mit dir über Pflege spreche, lese ich das nächste Kapitel dieses Buches.

Q wie **Quatsch**. Quatsch reden. Quatsch machen. Quatsch gucken. Quatsch lesen. Quatsch schreiben.

R wie **Riss**. Ich erkenne an, dass es biografische Risse gibt in unseren Leben. Und ich bin glücklich, dass du mir hilfst/ich dir dabei helfen kann, die Risse zusammenzuflicken, wenn wir das Gefühl haben, endgültig zu zerreißen.

S wie **Solidarität**. Ich bin solidarisch mit dir und nehme dich in Schutz, auch wenn es mich herausfordert. Ich bin dankbar für deine Unterstützung und Solidarität, auch wenn das bedeutet, dass wir manchmal unterschiedlicher Ansicht sind.

T wie **Trauma**. Ich hinterfrage deine Traumata nicht. Ich respektiere es, wenn du nicht über sie sprechen möchtest. Und ich weiß, dass du mehr bist als dein Trauma.

U wie **Unruhe**. Auch Phasen der Unsicherheit und Unruhe mit dir sind fruchtbar.

V wie **Verletzlichkeit**. Ich sehe, dass du verletzlich bist. Ich werde deine Verletzlichkeit nie gegen dich wenden.

W wie **Weggefährt*in**. Ich bin glücklich, dass du mich auf diesem Weg begleitest.

X wie **Xwebûn – Xwe Parastin**. Das bedeutet auf Kurmancî *selbst sein – Selbstverteidigung*, wie ich von meiner Freundin Elif lernte. Darum geht es im vorletzten Kapitel.

Y – ich habe Nachsicht mit dir, wenn dir kein Begriff zu dem Buchstaben Y einfällt.

Z wie **Zärtlichkeit**. Ich weiß, dass unsere Beziehung die Dinge in der Welt nicht ungeschehen macht. Ich arbeite jedoch mit dir und anderen Menschen daran, sie zärtlicher für alle Menschen zu machen.

VON BILDERN, SZENEN UND GESTEN

Ende der 1990er-Jahre gibt es Streit in Deutschland: D-Mark gegen Euro. Oskar Lafontaine gegen Gerhard Schröder. Platoniker*innen streiten sich immer noch mit Sophist*innen. Meine Kindheit ist vor allem von einer Kontroverse geprägt: Christina Aguilera gegen Britney Spears.

Ich mochte damals Britney Spears. Aber ich verehrte Popstars nicht so wie die meisten Kinder aus meiner Klasse. Ich hängte keine Poster auf und ging nicht auf Konzerte. All das machten Kinder aus *weißen*, wohlhabenden Familien. Meine Eltern waren skeptisch. In unserer Familie wurde niemandem leichtsinnig Bewunderung (und Geld für Konzertkarten) geschenkt. Wir pflegten also auch einen pragmatischen Umgang mit Popstars. Dennoch saß ich damals, wie viele andere junge Menschen, vor dem Fernseher. Und ich lernte. Ich schaute zu, wie sich Britney Spears in dem Musikvideo zu »Born To Make You Happy« mit ihrem Angebeteten die lahmste Kissenschlacht aller Zeiten lieferte. Und ich nickte ab, als sie diese Songzeilen trällerte: *I don't know how to live without your love | I was born to make you happy.*

Damals ahnte ich nicht, wie niederträchtig es ist, eine 18-jährige Frau singen zu lassen, der Sinn ihrer gesamten Existenz bestehe darin, einen Mann glücklich zu machen. Und damit als Plattenfirma Geld zu verdienen.
Es gibt heute immer noch Popstars wie Lana Del Rey, die mit der Performance einer leidenden, passiven heterosexuellen cis Weiblichkeit erfolgreich sind, weil das Massenpublikum seit Jahrzehnten mit diesen Erzählungen bedient wird. Die Figur der Lana Del Rey erfüllt auch das Bedürfnis nach der Konstruktion eines bürgerlichen, homogenen, *weißen* Amerika. Ein Bedürfnis, das in den vorhergehenden Jahren medial, politisch und mit aller Gewalt genährt wurde.

Im Gegensatz dazu gibt es einige, insbesondere Schwarze oder Latin-Popstars, die die Zuschreibungen, die ihnen qua Geschlecht und Hautfarbe aufgedrückt werden, in empowernde Performances umwandeln: Nicki Minaj etwa oder Cardi B. Die Hypersexualisierung, die sie im Popbusiness erfahren, eignen sie sich an. Und stellen der passiven, bürgerlichen *weißen* Frau das Bild einer aktiven, selbstbewussten und auch sexpositiven Frau entgegen.

Insgesamt gelingt es popkulturellen Figuren jedoch selten – ob in der Musik, im Film oder in der Literatur – vollständig aus rassistischen, sexistischen und kapitalistischen Erzählmustern auszubrechen. Mediale Repräsentationsformen reproduzieren immer noch extrem binäre und eindimensionale Vorstellungen von Geschlecht, Romantik und Erotik. Die Sexpositivität, die etwa Cardi B gemeinsam mit Megan Thee Stallion in dem viel diskutierten Musikvideo zu *WAP* performt, lebt von der Vorführung von Reichtum und Luxus: prachtvolle Villen, Gold und Swimmingpools. Luxus wird als erotische Potenz dargestellt.

Selten werden dabei subversive Freiräume für Widersprüche, Ambivalenzen und Mehrdeutigkeiten zugelassen. Das ist gefährlich. Denn Medien konstruieren Realität. Das bedeutet nicht, dass am Horizont plötzlich ein Drache aufsteigt, weil ich in der letzten Folge von *Game of Thrones* einen gesehen habe. Es bedeutet, dass Medien maßgeblich unsere Wahrnehmung und Interpretation unserer Wirklichkeit und der sich in dieser Wirklichkeit bewegenden Menschen formen. Dass Medien Realität konstruieren, bedeutet, dass sie mir Bilder, Sätze und somit einen Bedeutungsrahmen liefern, auf den ich zurückgreife, um den Dingen, Körpern und Ereignissen in der Welt Sinn zu verleihen. Das nennt sich *Framing*. Denn die meisten Menschen haben das Bedürfnis, politische Zusammenhänge, aber auch Gefühle und Verhaltensweisen in strukturierte Erzählungen zu packen – selbst wenn es sich dabei um etwas so Komplexes und Ambivalentes handelt wie das Verhältnis zu anderen Menschen. Dazu ziehen sie bereits bekannte Kategorien zurate. Das gibt Sicherheit. (Ich hatte etwa bereits Eva Illouz' Beobachtung geschildert, dass Studienteilnehmende ihre Erfahrungen der romantischen Liebe entlang der altbekannten Polarität von Abenteuer gegen Alltag erzählten. Auch das ist ein *Frame*.)

In *All About Love* schreibt bell hooks, dass mehr mediale Bilder von sich liebenden, gerecht handelnden Menschen einen positiven Effekt auf unser Leben hätten. Ich bin mir unsicher, ob wir dann tatsächlich in einer weniger ausbeuterischen, rassistischen oder sexistischen Welt mit anderen Wohn- und Arbeitsverhältnissen leben würden. Doch tatsächlich würden mehr und differenziertere Bilder von Romantik oder Freund*innenschaft mehr Handlungsspielräume eröffnen, uns selbst und andere Menschen anders zu betrachten. Und eine andere Wirklichkeit zu fordern.

Medien machen Wissen einer breiten Masse zugänglich. Sie produzieren und verbreiten jedoch nicht nur Wissen, sondern auch Normen und vermeintliche Wahrheiten. Ich bin überzeugt, dass Medien nicht bloß das abbilden, was sie bereits in der Welt vorfinden. Sie erzeugen stattdessen unsere Realität mit, indem sie Bilder und Worte selektieren und normalisieren. Oder uns eine bestimmte Perspektive nahelegen.
Bereits 1997 stellten die Kommunikationswissenschaftler*innen Nelson, Clawson und Oxley fest, dass sich die Toleranz von Rezipierenden gegenüber dem rassistischen Ku-Klux-Klan änderte, je nachdem ob ihre Demonstrationen als Ausdruck von Meinungsfreiheit oder als Bedrohung der öffentlichen Sicherheit beschrieben wurde.

Ein anderes Beispiel: Ermordet etwa ein Mann seine Partnerin, ist oftmals verharmlosend von »Beziehungsdrama« die Rede. Für das Opfer ist es kein Beziehungsdrama, es ist ein kaltblütiger Mord, ein Femizid, der sich in eine Kontinuität von Gewalt gegen weibliche und queere Personen einreiht.

Dass Medien Realität konstruieren, bedeutet auch, dass die Dinge in unserer gemeinsamen sozialen Wirklichkeit erst real, erst sichtbar werden, wenn sie medial repräsentiert werden. Denn die meisten Menschen der Dominanzgesellschaft haben ein homogenes Umfeld: *Weiße* Menschen bleiben oftmals unter *Weißen*, Bürgerliche unter Bürgerlichen, cis Menschen unter cis Menschen. Wie die Realitäten anderer, marginalisierter Menschen aussehen, erfahren die meisten Menschen nur aus den Medien, genauso, in welchem Verhältnis diese Realitäten zu ihren eigenen stehen. Das Problem ist aber: In den deutschen Mainstreammedien finden die meisten marginalisierten Gruppen erst gar nicht statt, ganz so, als würden sie nicht existieren. Nichtbinäre Menschen etwa oder trans Menschen.

Und erst recht nicht, wenn sie nicht *weiß* sind. Und wenn diese Menschen und ihre Realitäten mal vorkommen, dann nur als Nebenfigur, als Exot*in, als Bedrohung oder als Opfer. Als eine Abweichung von der unkommentierten, unmarkierten Norm. »Medien sind immer im Kontext von Macht und Machtverhältnissen zu denken«[45], schlussfolgert daher die Kommunikationswissenschaftlerin Johanna Dorer in ihrem Aufsatz *Diskurs, Medien und Identität.*

Die Macht der Medien äußert sich besonders in der Tatsache, welche Identitäten, Ideen und welches Wissen überhaupt repräsentiert werden. Das Problem ist nicht gelöst – so wie viele glauben –, wenn wir plötzlich mehr weibliche Personen, nicht-*weiße* oder nichtheterosexuelle Figuren im Fernsehen sehen, obwohl das selbstverständlich sein sollte. Es ist eine Frage der Gerechtigkeit, dass alle Gruppen unserer Gesellschaft in ihrer Pluralität Teil einer kollektiven Geschichte werden, die von Medien miterzählt wird. Doch die ausschlaggebende Frage ist: *Wie* werden sie dargestellt? Welche Macht haben sie über ihre Repräsentation? Mediale Repräsentationen spiegeln mir auch als Mensch eines bestimmten zugeschriebenen Geschlechts, aus einer bestimmten Herkunft und Körperlichkeit, in welcher Rolle mich die meisten Menschen sehen – und in welcher Rolle ich mich sehen sollte. Wie sieht ein gutes Leben aus? Wie habe ich zu sein? Zu lieben? Unterwürfig und dabei gut gestylt wie Britney aus den 90ern? Oder gibt es etwas darüber hinaus, jenseits der Polaritäten? Welche Wirklichkeiten, welche Lebensentwürfe, welche Utopien sind möglich? Das werde ich vielleicht nie erfahren, wenn ich es nie sehe, nie höre. Sich eine andere Zukunft auszumalen erfordert Einbildungskraft, die aus der Gegenwart schöpft. Und manche Prozesse können diese Einbildungskraft ausdehnen, aber auch einschränken.

Es gibt einen Kanon der Sprache der Liebe. Das hatte ich bereits im vorherigen Kapitel festgestellt. Doch damit meine ich nicht nur Worte, nicht nur »Ich liebe dich« oder »I was born to make you happy«. Ich meine auch Gesten, Umarmungen, Küsse, Blicke, Symbole und Rituale. Entscheidungen. Briefe, die verfasst werden. Songzeilen, die geschrieben und gesungen werden. In Liedern, Büchern und Filmen werden diese Codes und Figuren der romantischen Liebe immer wieder verbalisiert und visualisiert. Sie müssen eindeutig sein, damit Zuschauende und Lesende sie (wieder-)erkennen und wissen: *Aha! Person X ist verliebt!* Oder wie Roland Barthes es formuliert: »Eine Figur ist dann zustande gekommen, wenn wenigstens einer sagen kann: ›*Wie wahr das ist! Diese Sprachszene kenne ich doch.*‹«[46]

Ein Glas rutscht aus der zittrigen Hand und zerspringt auf dem Boden. Blicke treffen sich in einer Bar und klammern sich gleichsam sehnsüchtig aneinander, während die Stimmen im Hintergrund verstummen und der nächtliche Autoverkehr hinter der Fensterscheibe zum Stehen kommt. Briefe gehen in Flammen auf. Jemand rennt dem Zug hinterher oder Straße für Straße, Block für Block, um den geliebten Menschen aufzuhalten. Sie werfen sich einander in die Arme. Oder der geliebte Mensch ist fort. Tränen. Verzweiflung. Nichts ist, wie es mal war.

Die Macht der Riten der romantischen Liebe gründen auch auf ihrer Exklusivität. Manche Blicke werfen, manche Briefe schreiben wir nur, wenn es sich um ein romantisches Gegenüber handelt. Liebesfilme, -romane oder andere mediale Formen scheinen ein Monopol auf die Darstellung bestimmter Gesten und Symbole zu haben. Und diese Monopolisierung strahlt auf unsere Beziehungen aus. »Küsst eure Freund*innen häufiger ins Gesicht. Vernichtet den Glauben, dass Intimität nur monogamen Beziehungen vorbehalten ist«, hieß es in einem Instagram-Post, den meine Freund*innen vor einigen Monaten teilten. Auch ich teilte ihn. Selbstverständlich darf körperliche Nähe niemandem aufgezwungen werden, egal wie nah Menschen einander stehen. Aber auch ich denke, dass sie nicht nur sexuellen oder romantischen Beziehungen vorbehalten sein darf – genauso wie es Zweierbeziehungen gibt, die nicht auf sexuellen oder körperlichen Intimitäten basieren.

In Liebesfilmen gibt es zwar nicht immer ein Happy End. Doch das Ende einer romantischen Beziehung wird nicht selten als die Katastrophe schlechthin erzählt. Und eine romantische Begegnung (gerade zwischen heterosexuell gezeichneten Frauen und Männern) wird selten in ihrer Alltäglichkeit und Gleichwertigkeit neben anderen Erfahrungen und Begegnungen repräsentiert. Allein die Fülle an romantischen Liebesgeschichten in Filmen suggeriert, dass die Erfahrung einer außergewöhnlichen, lebensverändernden Begegnung gemeinhin im romantischen Kontext geschieht. Laut Filmdatenbank *IMDb* steht die Anzahl der Liebesfilme aus dem Jahr 2019 im Verhältnis zu der Menge anderer Genres weltweit zwar erst an vierter Stelle (neunhunderteinundsiebzig Produktionen). Doch auch in Genres, die die Liste anführen – Action, Comedy und Horror –, sind hetero Zweierbeziehungen eines der dominantesten Motive.

Auch in dem Film, mit dem ich dieses Buch eröffnete, in *Selvi Boylum Al Yazmalım*, erfordert die Antwort auf die Frage »Was ist Liebe?«, die meine Filmheldin Asya zugunsten von Cemşit beantwortet, eine Absolutheit der Konsequenzen für ihr Leben. Die Entscheidung für Cemşit ist nicht *eine* Antwort auf *eine* Frage, sondern auf die handlungsweisende und schicksalhafte Frage schlechthin. Es gibt viel weniger Filme über Freund*innenschaft. Eine Ausnahme bilden die sogenannten *Buddy Movies* oder *Bromances*: Zwei (cis) Männer begeben sich auf eine gemeinsame Reise. Meist sind nackte Frauen und Alkohol im Spiel. »Die Variationen des Genres sind so endlos wie die Mittelmäßigkeit, die viele dieser Filme ausmacht«[47], schreibt die Autorin Nhi Le zutreffend in ihrer Medienkolumne. Doch vor allem sind sie trotz ihrer vermeintlich großen Bandbreite alles andere als variabel oder mehrdeutig. Heteronormativität ist hier ein Gesetz, das unausgesprochen bleibt. In den (cis) männlich dominierten Actionfilmen gibt es etwa einige Codes, die Zuschauenden signalisieren sollen, dass das Heldenduo auf keinen Fall, wirklich auf gar keinen Fall, ineinander verliebt oder gar in einem sexuellen Verhältnis stehen könnte. Entweder performen sie auf eine sehr aggressive Art und Weise hetero, bis in die 1990er-Jahre sogar homofeindlich.[48] Letzteres muss nicht einmal offen artikuliert werden. Es reicht etwa, wenn der böse Antagonist nicht eindeutig hetero ist, vielleicht als homo oder trans gelesen werden kann (wie etwa in *Das Phantom-Kommando* mit Arnold Schwarzenegger).

Geschichten über Freund*innenschaften zwischen nicht cis männlichen Figuren hingegen sind rar gesät. Weibliche Figuren stehen sich oft als Rivalinnen gegenüber. Sie streiten oft um Männer. Der gute alte *cat fight.* Diese Darstellungen schreiben patriarchale Zuschreibungen der hinterhältigen und männerabhängigen Frauen fort.

Und umso seltener werden die politischen, historischen oder sozialen Verflechtungen abgebildet, in denen Menschen eine Beziehung zueinander aufbauen. Meistens scheinen sich die Figuren gleichsam in einem luftleeren Raum zu bewegen und anzunähern. Haben sie keine Geldsorgen? Woher nehmen sie sich die Zeit? Machen sie keine Erfahrungen von Diskriminierung?

Gerade in der US-amerikanisch geprägten Serien- und Filmlandschaft hat sich in den letzten Jahren viel bewegt. Streamingplattformen wie Netflix versorgen ein Massenpublikum mit Formaten, die vor und hinter der Kamera marginalisierten Menschen mediale Macht und Repräsentation verschaffen und ihre Geschichten auch in politisch-soziale Narrative einbetten. Die Serie *Pose* etwa, die in der queeren Ballroom-Kultur der 1980er-Jahre in Harlem angesiedelt ist. Der Cast besteht mehrheitlich aus Schwarzen trans Schauspieler*innen, so vielen wie in keiner anderen Produktion. Es geht um Ersatzfamilien und Freund*innenschaft, eine Gemeinschaft, die sich aus dem Widerstand gegen Diskriminierung, Armut und Krankheit formiert.

Ein Film, dem Ähnliches gelingt, ist *Hustlers* (2019) der Regisseurin Lorene Scafaria. Er basiert auf wahren Begebenheiten und handelt von der Freundinnenschaft der Stripperinnen Destiny (gespielt von Constance Wu) und Ramona (Jennifer Lopez) und anderer Frauen, die gemeinsam reiche Geschäftsmänner unter Drogeneinfluss um das Geld auf ihren Kreditkarten bestehlen. Die Bande ist eine Art Matriarchat, die ohne männliche Unterstützung auskommt. Die Frauen werden nicht mit erhobenem Zeigefinger als vermeintliche Verbrecherinnen stigmatisiert. Die Figuren sind vielschichtig. Ich als Zuschauende will, dass sie gegen eine männlich dominierte, ausbeuterische Welt gewinnen. Und das alles in einem Film, den man nicht mit Labels wie *Arthouse* oder *independent* in eine vermeintlich intellektuelle Nische schieben würde. Natürlich weist auch *Hustlers* einige Schwachstellen auf, wie der Autor und Sexarbeiter Christian Schmacht in einer seiner Kolumnen zutreffend beobachtet: Die Hauptfiguren geben ihren erworbenen Reichtum hauptsächlich für Schuhe, Autos und Glamour aus – was ich ihnen als Zuschauerin absolut gönne! Doch soll das alles sein? Schmacht weist auf die fehlende feministische Agenda des Films hin: Es geht nicht um große, strukturelle Veränderungen der materiellen Ungleichheit, von der besonders auch Sexarbeiter*innen betroffen sind. Der individuelle Erfolg von Destiny, Ramona und Co. steht im Vordergrund.

Aber ich mache mir nichts vor. In Popkulturen geht es nicht in erster Linie um politische Moral. Oder um die Frage, wie wir die Welt, in der wir leben, gestalten wollen. Hier folgen selbst Feminismus und Empowerment oftmals der Marktlogik von Verwertbarkeit. Doch es wäre zu kurz gedacht, das Problem allein Popkulturen in die Schuhe zu schieben.

Schüler*innen lesen hierzulande im Deutschunterricht immer noch fast ausschließlich Texte von *weißen*, bürgerlichen, hetero cis Männern. »Und, bei allem Föderalismus, bei der Übergehung von Frauen sind sich alle Bundesländer einig«, stellt der Journalist Simon Sales Prado in seiner Reportage *Auslese* fest, »wer in Deutschland Abitur macht, liest in der Schule vielleicht kein einziges Buch einer Frau. Wie in Baden-Württemberg sind auch in Bayern, Hamburg, Hessen, Niedersachsen und im Saarland unter den verpflichtenden Lektüren, die während der letzten Schuljahre in den Deutschgrundkursen für das Abitur 2020 gelesen werden, keine Romane von Autorinnen.«[49]

Ich las als Abiturientin Friedrich Schiller. Und in Georg Büchners Dramenfigur Woyzeck war ich verliebt. Zumindest lassen das die Kugelschreiberherzchen auf dem Cover des Reclamhefts vermuten. In Büchners *Woyzeck* wird der gleichnamige Protagonist von seiner Geliebten Marie betrogen. In Schillers *Don Karlos* gibt es gutmütige Prinzen und rachsüchtige Frauen. Andere werden von ihren Männern ermordet, weil sie sich betrogen fühlen. In den von cis Männern geschriebenen Klassikern der deutschen Literatur gibt es so viel Liebesdrama wie in keiner türkischen Soap-Opera.

Doch selbstverständlich würde das niemand als Liebesliteratur bezeichnen. Unter dieser Überschrift füllen in Buchhandlungen lauter Veröffentlichungen von meist weiblichen Autorinnen die Regale. Ruf: Schmuddelecke. Als hätten Schiller und Büchner über Verdauung geschrieben statt über Gefühle. Doch stammen die Emotionen aus der Feder eines Mannes, brauchen ihre Werke keinen expliziten Marker. Denn in unserer Kultur sind *weiße* cis Männer immer noch die kulturellen Botschafter des allgemein Menschlichen schlechthin. Hier ist jedes Liebesdrama eigentlich ein philosophischer Meilenstein.

Sie schätze die Gedichte und Erzählungen von Rumi und Rilke, schreibt bell hooks in *All About Love*. Doch würden Männer häufig über eine Fantasie der Liebe schreiben, ohne sich vorzustellen, was tatsächlich möglich sei. Oder über das, was sie über Liebe tatsächlich wissen würden: »Es fällt uns leichter, über Verlust als über Liebe zu sprechen. Es fällt uns leichter, den Schmerz über die Abwesenheit von Liebe in Worte zu fassen, als ihre Gegenwart und ihre Bedeutung in unserem Leben zu vermitteln«, schreibt sie. Wie wahr. Doch dann müssten sich diese Autoren mit den konkreten Bedingungen für Romantik, Freund*innenschaft oder Solidarität beschäftigen, die eigene Position reflektieren (und sich dabei vielleicht eingestehen, dass sie tatsächlich kaum etwas über Zwischenmenschliches *wissen*).

Doch das Problem ist nicht gelöst, wenn junge Menschen mehr Literatur von *weißen* cis Frauen lesen, die wieder nur eine beschränkte Perspektive offenbaren. Ich habe im Deutschunterricht noch Liebeslyrik von Ulla Hahn gelesen. Aber ich habe keine Romane und Gedichte über Liebe von deutschsprachigen, nicht*weißen*, migrantischen, jüdischen oder queeren Autor*innen aus der Arbeitendenklasse gelesen. *Es existierten eben keine!* lautet oftmals der Einwand. Das ist eine Lüge. May Ayim hat existiert und geschrieben. Semra Ertan hat existiert und geschrieben. Das Problem ist nicht, dass sie nicht existierten. Sondern dass sie im Kanon nicht existieren *sollten*.

Heute existieren Bücher von Autor*innen wie Sasha Marianna Salzmann, Olivia Wenzel oder Karosh Taha. Und es könnten noch viel mehr sein, wenn Verlage endlich anfangen würden, mehr von ihnen zu verlegen. Und Lesende dürften sich nicht weiterhin auf den wenigen Perspektiven, die ihnen ihre Schullaufbahn nahegebracht hat, ausruhen. Diese Autor*innen könnten uns in der Literatur, in der Musik und im Film die brutale Lücke mit Perspektiven füllen, die uns für die tatsächliche Praxis und die Arbeit an gemeinsamer Zärtlichkeit fehlen. Welche *realen* Herausforderungen gibt es in der romantischen Liebe? Wie handeln Menschen Konflikte aus? Wie entschuldigen sie sich aufrichtig? Wie entstehen Konsens und Respekt? Wie teilen Menschen ihre Ressourcen, um die Welt für sich, einander und andere besser zu machen?

WEGGEFÄHRT*INNEN

Ich streite nicht ab, dass eine romantische Begegnung *der* herausragende und außergewöhnliche Moment des Lebens sein und als solcher dargestellt werden kann. Gefährlich wird es nur, wenn diese eine Erzählung zu der gesellschaftlichen und somit individuellen Wahrheit schlechthin wird, weil es an alternativen Darstellungen von Zärtlichkeit mangelt.

Was bedeutet das? Müssen etwa sogenannte Liebeslieder nun alle möglichen Erzählungen der Zärtlichkeit abbilden, um ja nicht in Klischees zu versinken? Das könnte gar nicht funktionieren, zumal nicht in so kurzer Zeit. Das Problem wäre gelöst, wenn es in der breiten Öffentlichkeit eine tatsächliche Pluralität an Liebesliedern gäbe, die nicht in erster Linie von hetero Menschen in monogamen Beziehungen erzählen.

Doch manchmal gelingt es einem einzelnen Lied, ausgetretene Pfade der Repräsentation zu verlassen. Nicht, weil es plötzlich um alles und jede*n geht. Sondern weil die Rollen in der Erzählung, die in der Regel kulturell fixiert sind, offenbleiben.

Ein Beispiel ist dieses türkischsprachige Lied der Musikerin Melike Demirağ:

Bir kıvılcım düşer önce, büyür yavaş yavaş,
Bir bakarsın volkan olmuş yanmışsın arkadaş
Dolduramaz boşluğunu ne ana, ne kardaş
Bu en güzel, en sıcak duygudur arkadaş …
Ortak olmak her sevince, her derde, kedere
Ve yürümek ömür boyu beraberce elele …
Olmasın hiç o ta içten gülen gözlerde yaş
Bir gün gelip ayrılsak bile seninle arkadaş …

Evet arkadaş; kim olduğumu, ne olduğumu
Nerden gelip, nereye gittiğimi sen öğrettin bana
Elimden tutup, karanlıktan aydınlığa sen çıkardın
Bana yürümeyi öğrettin yeniden
El ele ve daima ileriye
Bir gün.
Bir gün birbirimizden ayrı düşsek bile
Biliyorum, hiçbir zaman ayrı değil yollarımız
Ve aynı yolda yürüdükçe
Gün gelir ellerimiz yine dostça birleşir
Ayrılsak bile kopamayız

Auf Deutsch:

Erst entzündet ein Funke, er wächst, langsam, langsam
*Dann wird ein Vulkan daraus, und du scheinst verbrannt zu sein, Freund*in*
Weder Mutter noch Geschwister können es / dich ersetzen,
Es ist das schönste, das wärmste Gefühl
*Freund*in*
Gemeinsam teilhaben, an jeder Freude, an jedem Kummer
Und ein Leben lang schreiten, gemeinsam und Hand in Hand
Niemals sollen Tränen glänzen in diesen Augen, die von innen strahlen

Auch wenn der Tag kommt, an dem wir uns trennen,
*Freund*in*

*Ja, Freund*in. Wer ich bin, was ich bin,*
woher ich komme, wohin ich gehe, hast du mich gelehrt
Du hast meine Hand gehalten, mich aus der Dunkelheit geführt
Du hast mir das Laufen wieder beigebracht
Hand in Hand und immer nach vorn
Eines Tages.
Wenn wir uns trennen sollten eines Tages
Weiß ich doch, schreiten wir nie auf getrennten Wegen
Und solange wir auf demselben Weg schreiten
Wird der Tag kommen, an dem sich unsere Hände wieder
*freund*innenschaftlich begegnen*
Selbst wenn wir uns trennen, bleiben wir verbunden.

Dieses Lied trug Melike Demirağ 1974 dem Film *Arkadaş* als Titelmusik bei, in dem sie auch die Hauptrolle spielte. Regie führte der Filmemacher und Schauspieler Yılmaz Güney. Für seine sozialkritischen Filme war er berühmt und international ausgezeichnet. Und als sozialistischer, kurdischer Künstler wurde er in der Türkei verfolgt. Güney verstarb 1984 im französischen Exil.

Demirağs Lied beunruhigt mich in jener wundervollen Art, wie es Kunst gelingt, die Beschreibungsordnungen, Riten und Erwartungen durchkreuzt. Die Absage an gewohnte, einspurige Deutungsmuster der romantischen Liebe beginnt mit dem Wort *Arkadaş*, Freund*in, das wie die meisten Substantive im Türkischen geschlechtsneutral ist. Es verweigert sich einer binären geschlechtlichen Zuschreibung des Gegenübers, das schlicht als Freund*in bezeichnet wird und zunächst ein Hybrid bleibt. Die Leerstelle muss ich als Hörende ausfüllen.

Dieses Gegenüber kann ein freund*innenschaftliches, romantisches, sexuelles oder politisches sein. Im Falle von Demirağ und Güney, zwei sozialistischen Künstler*innen, ist gerade letztere Kategorie von besonderer Bedeutung. Es ist eine besungene Verbindung, die sich aus gemeinsamen, existenziellen Widerständen speist, drei Jahre nach dem türkischen Militärputsch von 1971 und sechs Jahre vor dem Militärputsch von 1980, die Tausende Sozialist*innen, Demokrat*innen, Arbeiter*innen, Bäuer*innen, Lehrer*innen, Politiker*innen, Angehörige religiöser und ethnischer Minderheiten in Folterkammern und Gräbern verschwinden ließen.

Das Lied *Arkadaş* beschreibt die unbeugsame, unermüdliche und doch formbare Verbundenheit auf dem Weg in eine andere, revolutionäre Zukunft. Eine Gegenwart und Zukunft als Weggefährt*innen.

SECHS: WIE WIR FÜREINANDER SORGEN WOLLEN

DIE DREI FS: FAMILIE, FÜRSORGE, FREUND*INNENSCHAFT

I want a world where friendship is appreciated as a form of romance.
I want a world where when people ask if we are seeing anyone we can list the names of all of our best friends and no one will bat an eyelid.

I want thousands of songs and movies
and poems about the intimacy between friends.
I want a world where our worth isn't linked to our desireability, our security to our monogamy, our family to our biology.

– Alok Vaid-Menon, Autor*in und Aktivist*in

In einer Kolumne für ein Theateronlinemagazin begab ich mich 2020 auf die Suche nach Utopien der Liebe auf der Bühne: Was erzählt uns das Theater über Zärtlichkeit? Und wo bleiben neue Visionen von Romantik, Freund*innenschaft und Solidarität? Ich war bei meiner Suche nicht sonderlich erfolgreich und traf oftmals auf die üblichen Erzählungen der romantischen Liebe: weibliche und männliche Figuren, die sich begehren und vogelgleich über die Bühne schweben. Romantische Liebe als Verderben. Romantische Liebe als Erlösung.

Vielleicht habe ich nicht gründlich genug gesucht. Oder ich bin einfach eine schlechte Kolumnistin. Denn die Aufführungen einer Performance, die genau eine Antwort auf meine Suche verspricht, habe ich damals verpasst: *Everybody Needs Only You. Liebe in Zeiten des Kapitalismus* der Künstler*innen und Autor*innen Konstanze Schmitt und Bini Adamczak.
Im Internet habe ich mir jedoch eine Szene aus der Inszenierung anschauen können: Drei Darstellende in roten Overalls sind über ein Schlagzeug gebeugt, das sie mit neugierigen Gesichtern und zögerlichen Griffen zu einem Rhythmus ertönen lassen.
Eine vierte darstellende Person bewegt sich zu dem Rhythmus, in ein Mikrofon spricht sie ihren Gesang:
»Wir sollten zugeben, dass der Kapitalismus unsere Arbeit unsichtbar gemacht hat, und das sehr erfolgreich. Er hat uns die Hausarbeit als unsere natürliche Bestimmung angedreht, indem er ihr den Lohn verwehrt und sie verwandelte in einen Liebesbeweis.«
Sie hebt ratlos die Hand, verzieht das Gesicht. Das Publikum lacht. »Du machst dir immer noch vor, aus Liebe zu heiraten. Dabei haben schon viele von uns erkannt, dass wir es für Geld und Sicherheit tun.«

Heiraten für Geld und Sicherheit. Welch ein Frevel! Romantiker*innen wie auch viele Feminist*innen würden wahrscheinlich entsetzt den Kopf schütteln. Denn die romantische Liebe und Heirat wurden in der Moderne – wie ich bereits mit Verweis auf die Arbeiten von Eva Illouz erwähnte – mitunter als Widerstand gegen die patriarchale, familiäre Vorherrschaft verstanden.

So hat die Entscheidung für (Ehe-)Partner*innen nach wirtschaftlichen Aspekten häufig einen unfeministischen Ruf. Denn gerade das neoliberale, feministische Ideal sieht so aus: (*Weiße*) Frauen machen erst Karriere. Sie werden finanziell unabhängig. Dann denken sie erst über eine Partner*innenschaft oder über Kinder nach. Diese Option zu haben ist wichtig. Diese Option ist ein Menschenrecht. Denn es gibt vor allem immer noch viele weibliche Personen, die ungewollt heiraten oder in Beziehungen ausharren müssen, die dazu gezwungen werden, die lieber ihrem Wunschberuf nachgegangen wären, studiert hätten, Karriere gemacht hätten, als den Haushalt zu schmeißen und für ihre Familie zu sorgen. Meine Mutter sorgte als ältestes Kind von Gastarbeitenden zunächst für ihre Brüder, dann für ihre Töchter und ihren Ehemann. Manchmal sagt sie: »Ich wäre gerne Lehrerin geworden.« Dann sammelt sich in ihren Augen heiße Trauer.

Alle Menschen in dieser Gesellschaft sollten die Möglichkeit haben, jeden Berufs- und Bildungsweg einzuschlagen, den sie wollen. Auch wenn es auf dem Papier zum bundesdeutschen Selbstverständnis gehört – in der Realität sieht das anders aus. Wer welchen Bildungs- und Berufsweg einschlagen kann, hängt von sozialer Herkunft, Körpernormen oder von zugeschriebenem Geschlecht ab.

Somit ist diese neoliberale, feministische Forderung nach Karriere vor Familie ein modernes, privilegiertes Mantra. Und für einen Feminismus, der für alle Menschen da sein soll, kann es nicht von Interesse sein, von Frauen und nichtbinären Menschen die Erfüllung einer neuen Norm zu erwarten, zumal diese an einen modernen Mythos gekoppelt ist: die Ehe als eine völlig zweckbefreite Vereinigung, die in ihrem Kern von Luft und Wasser zusammengehalten zu werden scheint. Diese Vorstellung lässt politische Rahmenbedingungen unter den Tisch fallen.

Ich dachte etwa lange Zeit, dass es nur ein Phänomen der Generation meiner Mutter sei, dass zu viele Frauen in unglücklichen, gewaltvollen Beziehungen und Ehen verharren, weil sie keine andere Perspektive sehen. Weil sie etwa befürchten, dass ihre Kinder unter einer Trennung leiden würden. »Wenn es euch Kinder nicht gegeben hätte, hätte ich mich schon vor Jahrzehnten scheiden lassen!« Auch das ist ein Satz, den ich oft von meiner Mutter gehört habe. Nun könnte ich entgegnen, dass Kinder in der Regel nicht glücklicher sind, wenn sie in gewaltvollen Familien aufwachsen. Und dennoch liegt dieser Angst gleichzeitig ein wahrer Gedanke zugrunde, eine strukturelle, (steuer-)politisch geförderte Wahrheit.

Viele strukturell benachteiligte Menschen können nicht auf das Geld verzichten, das sie etwa durch das Ehegattensplitting oder die finanzielle Unterstützung ihrer Partner*innen für ihr Überleben und das ihrer Kinder brauchen. Rund ein Drittel der Alleinerziehenden in Deutschland ist armutsgefährdet. Die meisten von ihnen sind weiblich.

Jeder Mensch sollte von seinen Partner*innen finanziell unabhängig sein können. In unserer Gesellschaft ist das jedoch nur möglich, wenn sich Menschen in einer kapitalistischen Logik einordnen, und zwar nur, wenn sie einer Lohnarbeit nachgehen. Dabei wissen wir, dass es weder für alle Menschen Lohnarbeit gibt, noch dass alle Menschen für ihre Arbeit fair entlohnt werden. Zwischen den Geschlechtern gibt es eine klaffende Lohnlücke. Die Studien zum sogenannten Gender Pay Gap ergaben, dass Frauen im Jahr 2019 in Deutschland zwanzig Prozent weniger verdienten als Männer. Nichtbinäre Menschen sind in der Statistik nicht als solche mitgedacht. Das Thema Lohnungerechtigkeit ist ein globales Problem. Der vom Weltwirtschaftsforum in Auftrag gegebene Global Gender Gap Report ist ein jährlich erscheinender wissenschaftlicher Bericht zur Gleichstellung der Geschlechter. Laut Report würde allein die wirtschaftliche Gleichstellung beim derzeitigen Fortschritt noch zweihundertsiebenundfünfzig Jahre dauern.

Laut Studienautor*innen des Gender Pay Gap sind drei Viertel der Gründe für die Ungleichheit strukturbedingt: Frauen würden häufiger in Branchen und Berufen arbeiten, in denen sie schlechter bezahlt werden. Auch würden sie häufiger als Männer in Teilzeit und in Minijobs arbeiten und deshalb im Durchschnitt pro Stunde weniger verdienen.

Neue Studien, wie etwa die des Deutschen Instituts für Wirtschaftsforschung (DIW) aus dem Jahre 2020, kommen zu dem Ergebnis, dass die Schere zwischen Arm und Reich hierzulande viel größer ist als bisher angenommen. Die obersten zehn Prozent der Bevölkerung vereinen demnach rund zwei Drittel des deutschen Gesamtvermögens, dem reichsten ein Prozent fallen fünfunddreißig Prozent des Vermögens zu. Der Schriftsteller Christian Baron kommentiert in der Wochenzeitung *Der Freitag*, dass die Armut »ebenso vermeidbar wie politisch gewollt« sei. Er verweist auf fehlende Verteilungsmaßnahmen und Vermögenssteuern für Reiche sowie auf Steuervergünstigungen für gigantische Konzerne wie *Apple*.

Die Studie des DIW kommt außerdem zu folgendem interessanten Ergebnis: »MillionärInnen sind häufiger als im Durchschnitt der Bevölkerung Männer, die älter, besser gebildet, selbsständig [sic] und zufriedener mit ihrem Leben sind.«[50] Zugespitzt bedeutet das: Ein Großteil der nichtmännlichen Menschen in diesem Land reißt sich den Arsch auf, damit ältere *weiße* Männer und ihre Kompliz*innen ein richtig gutes Leben führen können.

Was etwa die Erhebungen zum Gender Pay Gap nicht mitberücksichtigen, sind die intersektionalen Aspekte der Lohnungerechtigkeit, nicht nur in Bezug auf nichtbinäre Menschen. Auch migrantische, rassifizierte Menschen verdienen im Schnitt rund ein Viertel weniger als *weiße* Deutsche. Rassifizierte Frauen trifft es doppelt. Und was ist mit rassifizierten trans Frauen? Oder rassifizierten, be*hinderten trans Frauen? Ich könnte die Gleichung unendlich fortführen.

So bleibt die vollkommene finanzielle Unabhängigkeit für marginalisierte Menschen ein Mythos. Die Abhängigkeit bleibt. Ob zu Hause oder auf der Arbeit. Mal bin ich von Partner*innen abhängig. Mal von Chef*innen, zu denen ich in einem hierarchischen Machtverhältnis stehe. Von der einen Abhängigkeit in die nächste zu gehen ist also nicht die Lösung des Kernproblems.

Der neoliberale Feminismus stellt gerade marginalisierte Menschen also bei ihrer Partner*innenwahl vor eine unlösbare Aufgabe: Sie sollen finanziell unabhängig sein, ohne Unterstützung von ihren Partner*innen auskommen, wofür sie Vollzeit arbeiten müssten. Gleichzeitig sollen sie romantische Beziehungen

führen, die Zeit und Energie erfordern. Und woher kommt die Zeit für die Kinder? Für die eigenen Eltern? Für Freund*innen? Für den Haushalt? Für Fürsorgearbeit? Für sich selbst? Für ein Engagement in einem feministischen Kampf um eine gerechtere Welt für alle?
Nicht die Menschen, die aus ökonomischen Abhängigkeiten heiraten und Beziehungen eingehen, sind also *unfeministisch*. Soziale und politische Verhältnisse, die sie zu dieser Entscheidung zwingen können, sind patriarchal. Und sie existieren nicht ohne Grund.

Die monogame hetero Kernfamilie, dieses kolonialistische Vorzeigeprojekt, ist eine besonders profitable Einheit für Staat und den Markt. Sie wird in rechten Diskursen nicht umsonst als *Keimzelle der Nation* verstanden. Im nationalsozialistischen Ehescheidungsrecht von 1937 heißt es: »Grundlage der Volksgemeinschaft ist die Ehe. Sie ist die Keimzelle und die beste Stätte für das Aufwachsen und Gedeihen des Kindes.« Der Fortbestand von hetero Familien mit hetero Kindern sichert(e) den Fortbestand der Nation. Er versorgte sie mit Arbeitskräften für die Industrie und mit Soldaten für den Krieg.

Doch auch heute, in unserer liberalen Demokratie, ist die hetero Kernfamilie immer noch heilig. Laut Artikel 6 des Grundgesetzes stehen Ehe und Familie »unter dem besonderen Schutze der staatlichen Ordnung«. In der Realität genießen diesen Schutz jedoch nicht alle Familien: Eheschließungen zwischen deutschen Staatsangehörigen und Ausländer*innen aus sogenannten europäischen Drittstaaten sind mit ungeheuren finanziellen und zeitlichen Strapazen verbunden. Und nicht selten verdächtigen und kriminalisieren die deutschen Behörden im Nachhinein solche Partner*innenschaften, gerade queere, als vermeintliche Scheinehen, die angeblich nur dazu dienen, den ausländischen Partner*innen den Weg nach Deutschland zu öffnen.

Auch das Recht auf Familienzusammenführung für geflüchtete Menschen, das in der Europäischen Menschenrechtskonvention festgeschrieben ist, wird in Deutschland teilweise mit absurden Auflagen verhindert, wie Menschenrechtsorganisationen wie Pro Asyl immer wieder kritisieren.[51] 2018 setzte der Bundestag den Familiennachzug für subsidiär geschützte Geflüchtete gar aus und führte eine sogenannte Obergrenze ein.

Das koloniale Ideal einer *weißen* Traditionsfamilie besteht also immer noch fort. Und sie ist für die Politik eine berechenbare und deshalb willkommene Einheit. Akademiker*innenfamilien bringen meist Akademiker*innen hervor. Arbeiter*innenfamilien bringen meist Arbeiter*innen hervor. Die Familienstruktur ist schematisch und geordnet. Die Bedürfnisse und Aufgabenbereiche in den Familien sind eindeutig verteilt. Wirtschaftsakteur*innen wissen genau, wer ihre Zielgruppe ist: Mutter, Vater, Kinder. Schlafzimmer, Küche, Wohnzimmer, Mädchenzimmer, Jungenzimmer. Produkte müssen her. Möbel, die die Räume füllen, die alle eine spezifische Funktion haben.[52]

So existiert die bürgerliche Kernfamilie aus Eltern und Kindern zum ökonomischen Vorteil aller Beteiligten, zum Vorteil des Staates und der Ehepartner*innen. Doch zu welchem Preis? Und diese Tatsache sollte nicht darüber hinwegtäuschen, dass es im Rahmen dieser ökonomischen Vorteile eine Hierarchie der Privilegien gibt. Studien beweisen immer wieder, dass Männer mehr von der hetero Ehe profitieren als Frauen. Sie essen und leben gesünder. Ein Forschungsteam aus dem italienischen Padua kam 2016 zu dem Ergebnis, dass der Stress und Druck, den Frauen durch die Bindung an ihren Partner empfinden, krank machen. Sie leben isoliert von ihrem sozialen Umfeld. Sie leben meist länger und müssen ihre männlichen Ehepartner pflegen. Und dann ist da ja noch die Sache mit der Haus- und Fürsorgearbeit.

Laut statistischem Bundesamt verbrachten Erwachsene in den Jahren 2012 bis 2013 durchschnittlich 20,5 Stunden mit Erwerbsarbeit und rund 24,5 Stunden je Woche mit unbezahlter Fürsorge, also sogenannter Care- oder Reproduktionsarbeit. Menschen in der Kategorie Frauen arbeiteten dabei insgesamt eine Stunde mehr und leisteten zwei Drittel der unbezahlten Care-Arbeit. Sich um den Haushalt und um die Kinder zu kümmern ist in den meisten hetero Parter*innenschaften und Ehen immer noch die Aufgabe der Frauen.

Diese vergeschlechtlichte und räumliche Aufgabenteilung ist keineswegs ein Naturgesetz. Sie ist tief verankert in westlich-europäischen Philosophien, einer künstlichen Grenzziehung zwischen dem Öffentlichen als vermeintlich männliche und dem Häuslichen als vermeintlich weibliche Sphäre, die auf antike Denker wie Aristoteles zurückgeht. Damals wie heute sicherte sie das männliche Vorrecht bei politischen Belangen. Sie sichert die Besitzansprüche des Mannes auf Haus und Eigentum und somit auch auf den Besitz der Ehefrau und ihren Körper. Und sie sichert, dass die Hierarchien in den Räumen, in denen Menschen für ihren Lohn arbeiten müssen, in die eigenen vier Wände weitergetragen werden – unter dem Deckmantel angeblich natürlicher männlicher oder weiblicher Eigenschaften, Bedürfnisse und Gefühlszustände.

»Sie nennen es Liebe. Wir nennen es unbezahlte Arbeit.« Mit diesem Satz leiteten 1975 italienische Feministinnen, darunter Silvia Federici, ihren programmatischen Text ein, der in einem

Aufruf mündete: *Lohn für Hausarbeit!* Ihre Kritik richtete sich insbesondere an antikapitalistische, linke Strömungen und Theorien, die zwar das Ausbeutungsverhältnis zwischen dem (männlichen) Lohnarbeiter und dem Kapitalisten analysiert hatten, aber nicht berücksichtigten, dass dieses Ausbeutungsverhältnis durch den Lohnverdiener in die Familie hineingetragen wird.

Der Gedanke ist, dass nicht die Lohnarbeiter in der ausbeuterischen Markthierarchie ganz unten stehen, sondern ihre Frauen – Hausfrauen. »Denn sobald wir von den Socken, die wir stopfen, und den Mahlzeiten, die wir zubereiten, aufblicken, um uns die Gesamtheit unseres Arbeitstages anzusehen, erkennen wir, dass dieser Arbeitstag nicht dazu führt, dass wir einen Lohn erhalten, dass wir aber nichtsdestotrotz das kostbarste Produkt erzeugen, das es auf dem kapitalistischen Markt gibt: Arbeitskraft«, schreibt Federici in ihrem Text *Counter-Planning From The Kitchen* (1974). »Hausarbeit ist mehr als Hausreinigung. Sie besteht in der physischen, emotionalen und sexuellen Wartung der Lohnverdiener: darin, diese Lohnverdiener Tag für Tag auf die Arbeit vorzubereiten.«

Das Problem sei nicht gelöst, so Federici, wenn jene Frauen eine Lohnarbeit als zweite Arbeit aufnähmen. Zwei Arbeiten zu erledigen habe Frauen nicht befreit, sondern immer nur bedeutet, über noch weniger Zeit und Energie zu verfügen – für sich selbst und vor allem für den politischen Kampf gegen alle Formen der Ausbeutung.

Diese traditionelle *Arbeit aus Liebe* – bezahlt oder unbezahlt – werde hauptsächlich von weiblichen Personen ausgeübt, betont Federici und widerspricht der Vorstellung von Fürsorgearbeit als vermeintlich einziger Sphäre des Zwischenmenschlichen, einzig und allein aus Liebe erwachse – jenseits zweckgesteuerter, monetärer Vergütung. »Die Literatur der Frauenbewegung hat die verheerenden Auswirkungen aufgezeigt, die solche Liebe, Fürsorge und Dienstbarkeit auf Frauen gehabt haben [...] Wir weigern uns also, das Elend unserer Mütter und Großmütter, und auch unser eigenes Elend als Kinder, zu bewahren und zur Utopie zu erheben!«[53]

Meine Mutter schob früher nicht nur zu Hause Wäscheberge in die Waschmaschine und Waren über das Kassenband. Sie arbeitete auch im Urlaub. Die meiste Zeit der Sommerferien in meiner Kindheit verbrachten wir in der Türkei. Meine Eltern hatten Sehnsucht nach ihren Eltern und Geschwistern. Auf einen Hügel in einem Dorf in der Nähe von Mersin, einer Stadt an der Mittelmeerküste, bauten sie ein dreistöckiges Haus, das allen geliebten und ungeliebten Verwandten offen stand. Das Haus hatte zwanzig Fenster. Die ersten Tage im Haus verbrachten meine Mutter und meine Schwester damit, diese Fenster zum Glänzen zu bringen. Dann kamen die Verwandten, die den Glanz dieser Fenster nicht sahen und auch nicht die Arbeit, die sie zum Glänzen gebracht hatte. Sie aßen, tranken und schliefen. Meine Mutter arbeitete und war unsichtbar.

Die Journalistin Julia Fritzsche stellt in ihrem Buch *Tiefrot und radikal bunt* einen Zusammenhang her zwischen dem Arbeitskampf der 1,6 Millionen Pfleger*innen in Deutschland, die seit Jahren einen fairen Lohn für ihre Arbeit in und jenseits von Krankenhäusern fordern, und der Fürsorgearbeit in Familien und Partner*innenschaften. Weltweit sind siebzig Prozent des Personals in sozialen und Pflegeberufen weiblich. Beide Arbeitsbereiche werden als weiblich markiert. Und infolgedessen abgewertet. Die Coronakrise zeigte, dass diese sogenannten systemrelevanten Berufe ein System aufrechterhalten, das zu ihrem Nachteil wirkt: schlechte Bezahlung, Überstunden, Gefahren für die eigene Gesundheit.[54]

Doch die Ausbeutung ist nicht nur vergeschlechtlicht, sondern auch rassifiziert. Denn wer pflegt die Angehörigen und schmeißt den Haushalt von *weißen* Menschen (darunter auch Frauen), wenn diese nicht mehr die Muße dazu haben? Seit den 1960er-Jahren sind es oftmals die Gast- und Vertragsarbeiter*innen und ihre Kinder. Ich kenne kaum eine türkische oder kurdische Familie aus dem Umfeld meiner Eltern, in der die Frauen nicht für *weiße* deutsche Firmen und Familien geputzt hätten. Darunter auch meine Mutter und Großmutter. In den letzten Jahren holen gut situierte Familien meist Pflegehilfen aus Osteuropa, die sie schlecht bezahlen. Diese Menschen lassen in ihren Herkunftsländern eigene Familien zurück. Wer versorgt und pflegt dann die?

Die Organisation von Partner*innenschaften und Familien ist also eine gesamtgesellschaftliche Gerechtigkeitsfrage. Gerade für viele Menschen aus prekären Verhältnissen ist die Vereinbarkeit von Lohnarbeit und Fürsorgearbeit eine Dauerkrise, insbesondere für jene, die pflegebedürftige Angehörige haben. Gemeinsam mit (Ehe-)Partner*innen scheint die Krise manchmal erträglicher zu sein. Doch was ist mit den vielen alleinerziehenden Menschen? »Die Geschichte der Balance aus Arbeit und Leben stimmt also nicht. Die meisten Debatten über Care-Arbeit sparen etwas aus: Care-Arbeiter*innen leben und arbeiten nicht nur prekär. Sondern indem sie prekär leben und arbeiten, bleibt das System am Laufen«, schreibt Fritzsche. »Es geht nicht um ein bisschen mehr Lohn und Anerkennung. Es geht um einen neuen Entwurf für unsere nötige Fürsorge füreinander.«

Der Fehler liegt also, mal wieder, im System. *Revolution! Wider die ökonomischen Verhältnisse! Kommunismus!* flüstert mir Karl Marx aus einer Ecke meines Verstandes zu. Ich nicke zustimmend. Doch war auch gerade er es, der – wie Federici in ihren Werken schonungslos herausarbeitet – in seinen Analysen kapitalistischer Verhältnisse die Geschlechterfrage vernachlässigte und nichtmännliche (Haus-)Arbeit im Unsichtbaren ließ, genauso wie den Befreiungskampf von nicht*weißen* versklavten Menschen.

Doch beim Status quo zu verharren scheint mir auch keine Option. Denn das ist Teil einer patriarchalen Logik: Sie macht Alternativen unsichtbar. Sie lässt uns orientierungslos und hilflos in einem dunklen Raum tappen wie auf glitschigem Grund, von einer Ecke in die andere, von einem *Entweder* zum *Oder*: (Ehe-)Partner*innenschaft oder Prekarität. Lohnarbeit oder Fürsorge und Gemeinschaft. Lohnarbeit oder Armut. Lohnarbeit oder Feminismus.

Aber vielleicht hat dieser dunkle Raum auch eine Tür, die wir erst entdecken, wenn wir den Ecken den Rücken zuwenden. Wenn ich einmal Nein sage, könnte ich merken, dass ich viele Möglichkeiten habe, Ja zu sagen. Vielleicht mag mir die Tür unerreichbar scheinen. Oder ich will sie nicht alleine durchschreiten, weil mir das Dahinter Angst macht. Ich brauche andere Menschen, die mit mir gehen.

Der singulären Erzählung im Sinne der Marktlogik stellt Silvia Federici zum Beispiel das vielfältige Wissen und die politische Pluralität der sogenannten *Commons* entgegen. Über die deutsche Übersetzung gibt es immer noch keine Einigung. Ich verstehe sie als *Gemeingüter*, jedoch nicht nur im Sinne von greifbaren Dingen und Gegenständen. Laut Federici gibt es Land-,

Wasser- und Luft-Commons sowie digitale und Dienstleistungs-Commons. Zu ihnen gehören Sprachen, Wissen, Bibliotheken, Archive, urbane Gärten und das kollektive Erbe vergangener Kulturen. Es geht um eine revolutionäre Kollektivierung von Arbeit und ihren Produkten in verschiedenen Bereichen des Lebens – auch der sogenannten reproduktiven Arbeit, also: Hausarbeit, Fürsorgearbeit, die Erziehung von Kindern. Sie soll somit auf ein Kollektiv, auf unterschiedliche, kooperierende Subjekte verteilt werden, anstatt privatisiert zu werden. Communities pflegen gemeinsam ihre alten Mitglieder, anstatt sie in ausländischen Altenheimen abzusetzen.

Vorbilder für Federicis Idee der Commons sind etwa die *Ollas Communes*, jene Gemeinschaftsküchen, die Frauen in den 1980er-Jahren in Chile und Peru gründeten und somit eine selbstbestimmte Form der Gegenmacht gegen patriarchale und kapitalistische Arbeitsteilungen errichteten. Doch auch Theoretiker*innen in Deutschland diskutieren seit Jahrzehnten die Frage, wie eine Utopie der Gemeinschaft und Fürsorge aussehen könnte, in der alle, nicht nur Frauen und als solche bezeichnete, füreinander Verantwortung übernehmen.

Die kolonialen Vergangenheiten und Gegenwarten der Gesellschaften, in denen wir leben, haben das Wissen über Liebe, Familie, Arbeit und Geschlecht anderer Kulturen, gerade im globalen Süden, unsichtbar gemacht – und die Hetero-Zweierbeziehung zu einer hartnäckigen Norm erhoben. Wie hartnäckig, merken wir daran, dass die gleichgeschlechtliche Ehe in Deutschland erst 2017 legalisiert wurde. Und dennoch ist die Hetero-Ehe immer noch die Norm, während Homo-Ehen im politischen Diskurs explizit als solche bezeichnet werden – wenn nicht sogar als *Regenbogenfamilie*, als wären die Familienmitglieder bunte, exotische Fabelwesen. Und immer noch werden gleichgeschlechtliche Ehepartner*innen benachteiligt. Gebärt etwa eine Person im Jahre 2020 in einer lesbischen Beziehung ein Kind, wird die Partnerin – im Gegensatz zu Hetero-Ehen – nicht automatisch als zweite Mutter anerkannt. Sie muss das Kind adoptieren. Und da weibliche Personen immer noch überproportional prekär situiert sind, sind kostspielige Adoptionsgenehmigungen gerade für lesbische Paare ein Weg voller Hindernisse.

In anderen Gesellschaften sind nicht-patriarchale, gleichgeschlechtliche Ehen keine Formen von Abweichungen von der Normalität, sondern Teil institutionalisierter Vielfalt. In einem Essay der Poetin Audre Lorde stieß ich auf Schilderungen der Heiratspraktiken des Volkes der Fon der Dahomey-Amazonen an der Westküste Afrikas. Zwölf verschiedene Formen der Heirat soll es dort geben. Eine davon ist die Heirat zwischen einer Frau mit Vermögen und einer anderen Frau. Letzterer steht es offen, Kinder anderer Community-Mitglieder zu gebären. Sollte sie es tun, integriert die erste Frau die Kinder ganz natürlich in ihren familiären Stammbaum. Manche dieser Ehen seien arrangiert, schreibt Lorde, um wohlhabende Frauen, die nicht von Männern beherrscht werden wollen, mit Erb*innen zu versorgen. Andere seien ganz einfach lesbische Beziehungen.[55]

Im hiesigen Kontext bleibt die Frage, ob die gleichgeschlechtliche Ehe tatsächlich revolutionär ist oder ob sie nicht einfach eine konservative, patriarchale Vorstellung von Familie auch unter gleichgeschlechtlichen Paaren etabliert und normalisiert. Fälschlicherweise wird sie oft als *Ehe für alle* bezeichnet, obwohl sie systematisch Partner*innenschaften jenseits binärer Geschlechter und der bürgerlichen Zweierbeziehung ausschließt. Letztlich sollte es doch darum gehen, die Institution Ehe als solche infrage zu stellen – und ihren Sonderstatus. Warum genießt sie überhaupt Vorrechte? Warum gibt es kein steuerliches Wohngemeinschaftsplitting? Warum kein Gemeinschaftssplitting? Oder Freund*innensplitting?

Ich kenne immer mehr Menschen, die ihre Kinder mit Freund*innen aufziehen, gerade queere Menschen, die selber keine Kinder gebären können oder wollen. Als eine Community, die ihren Kampf gegen Gewalt und Ausbeutung seit Jahrzehnten ohne institutionelle oder dominanzgesellschaftliche Unterstützung führen muss, haben queere Menschen seit jeher neue Ankerpunkte sozialer Beziehungen etabliert.

Die politischen Aktivist*innen und Vorkämpfer*innen des Stonewall-Aufstands 1969, Marsha P. Johnson und Sylvia Rivera, gründeten 1970 in New York die Organisation *Street Transvestite Action Revolutionaries (STAR)*. Im STAR-Haus boten sie obdachlosen Queers und Sexarbeitenden Unterkunft – mehr noch: Sie waren eine Familie, die sich aus politischem, antikapitalistischem Widerstand formte. Rivera und Johnson waren die *Mothers*, die selbsternannten Mütter des Hauses. Diese Häusertradition ist gerade in US-amerikanischen queeren, nicht*weißen* Communities weit verbreitet und etwa bekannt aus der Netflix-Serie *Pose* über die Ballroom-Kultur in Lower Manhattan.

Mir ist bewusst, dass sich diese Häuser nicht aus Experimentierlust an neuen Gemeinschaftsformen formieren. Ihnen ging und geht es immer noch um das blanke Überleben. Aber ihre Existenz beweist, dass das Monopol (heteronormativer) Kernfamilien auf gegenseitige Fürsorge und Zärtlichkeit ein politisches Konstrukt ist, das nur besteht, weil andere Gemeinschaftsformen benachteiligt werden. Wir brauchen stattdessen eine politische Vielfalt von Gemeinschaftsformen, in der die romantische Liebe oder Blutsverwandtschaft nur zwei von vielen Antworten auf die Frage sein können, wie wir unsere Zukunft mit anderen Menschen planen und wie und warum wir für sie Verantwortung übernehmen wollen.

Diese Vielfalt von Bindungen gegen die Disziplin des Kapitals und Patriarchats existiert bereits, auch wenn sie politisch nicht repräsentiert wird. Und eine davon ist so altbekannt wie machtvoll: die Freund*innenschaft. bell hooks erzählt in ihrem Buch *Communion* von romantischen, nichtsexuellen Freund*innenschaften zwischen gleichgeschlechtlichen Freund*innen, die manchmal ein Leben andauern, während heteronormative romantisch-sexuelle Beziehungen oft über die Jahre zerbersten. Sie schreibt: »Romantische Freund*innenschaften sind ein Angriff auf das heterosexistische Patriarchat, weil sie eine Annahme grundlegend infrage stellen: dass alle bedeutsamen, nachhaltigen und intimen Bindungen darauf basieren müssen, dass zwei Menschen eine sexuelle Beziehung führen.«

Freund*innenschaften machen Angst. Sie machen Rechten und Konservativen Angst, weil sie sehen, wie Menschen sich verbünden, die sich nicht über eine konstruierte, kalkulierbare, exklusive Gemeinschaft aus Herkunft, Blut, Abstammung und Geschlecht identifizieren. Sondern aus gemeinsamen Erfahrungen und Überzeugungen. Sie machen Angst, weil politische Solidarität auf Freund*innenschaft beruht. »Ein familienanaloges *Wir* wirkt wie ein Schlagbaum, der die Grenzen zwischen Zugehörigen und *Nicht*zugehörigen markiert«, schreibt die Autorin Christina Thürmer-Rohr, »der politische Freundschaftsgedanke lebt demgegenüber von einer Differenz«.[56] Auch im Zueinander würden wir unterschiedlich bleiben, Fremdheiten zulassen, die die Existenzbedingung pluralistischer Gesellschaften seien.

Aber auch ich habe manchmal Angst vor Freund*innenschaften. Weil sie unberechenbarer als etwa romantische Beziehungen sind. Weil die Rolle, in der ich als Freundin den unterschiedlichsten Menschen begegne, weniger ritualisiert, historisch, diskursiv, politisch strukturiert ist. Freund*innenschaften erfordern Entschlossenheit. Und gerade das hat eine transformative Kraft.

Meine Mutter musste jahrzehntelang Gewalt, Ausbeutung, Depressionen und Therapien hinter sich bringen, bis sie sich mit sechzig Jahren von dem Mantra verabschieden konnte, dass es das Wichtigste ist, ein Familienleben zu führen, das den Vorstellungen anderer Menschen entspricht. Ihr Wissen und ihre Erfahrungen gibt sie nun an ihre Töchter weiter. Sie sagt »Hauptsache, ihr seid glücklich« oder »Kızım, her şey gençlikte. Istediğin gibi yaşa« (»Meine Tochter, in der Jugend ist alles möglich. Leb, wie du es möchtest«). Meine Dankbarkeit und Verwunderung über ihren Mut wächst täglich. Und gleichzeitig quält mich jeden Tag der Gedanke, dass meine Mutter Zeit ihres Lebens kämpfen musste, gegen die Gewalt, um Anerkennung, für Zärtlichkeit. Und dass ich ihr nicht dabei helfen kann, all das ungeschehen zu machen.

Heute verbringt meine Mutter ihren Urlaub in Hotels, in denen sie keine Fenster putzen muss. Zu ihrer Familie gehören ihre Töchter, deren Freund*innen, ihre Kindheitsfreundinnen und ihre beste Freundin. Zur Familie meiner Mutter gehören heute viele wiederentdeckte Cousinen und Cousins in der Türkei, mit denen sie am Strand Wein trinkt.

Was Menschen also aus gewaltvollen Beziehungen und Ehen, aus einem Leben und System, das sich zu einem Schicksal zu verfilzen scheint, aus der Stabilität der Gewohnheiten retten kann, ist Solidarität: eine Gemeinschaft aus Überzeugung zur gegenseitigen Fürsorge, eine Verbindung, die Menschen eingehen, die Erfahrungen teilen, biografische Brüche und Rückschläge – und die um eine politische und radikale Zärtlichkeit ringen.

Doch eine Frage scheint immer noch unbeantwortet: Was wird dann aus der romantischen Liebe?

SILVIA FEDERICI, WAS WIRD AUS DER ROMANTISCHEN LIEBE?

»Sie nennen es Liebe. Wir nennen es unbezahlte Arbeit«, meint die feministische Philosophin Silvia Federici. Doch was bleibt übrig, wenn wir von der (romantischen) Liebe die unbezahlte Arbeit abziehen? Mit dieser Frage habe ich mich an Silvia Federici gewendet.

From: Şeyda Kurt
To: Silvia Federici
Sent: Tuesday, June 9, 2020 11:50 AM

Dear Silvia Federici,

if the very function of the concept of romantic love in our capitalist society is to disguise unwaged work, will romantic love then still exist in a post capitalist society? If not, what kind of love will exist?

Liebe Silvia Federici,

wenn das Konzept romantischer Liebe in unserer kapitalistischen Gesellschaft hauptsächlich dazu dient, unbezahlte Arbeit unsichtbar zu machen, wird die romantische Liebe dann in einer postkapitalistischen Gesellschaft überhaupt noch existieren? Falls nein, welche Art von Liebe wird es geben?

From: Silvia Federici
To: Şeyda Kurt
Sent: Tuesday, June 9, 2020 09:14 PM

Dear Şeyda Kurt,

(...) we should not take romantic love to the society we want to build as it is a love built not on understanding and solidarity, but on an exclusionary, possessive conception of love which (not surprisingly) erases the woman, as it assumes a merger which is nothing else but the assertion of the masculine as the dominant form.

Liebe Şeyda Kurt,

wir sollten die romantische Liebe in ihrer derzeitigen Form nicht mit in die Gesellschaft nehmen, die wir errichten wollen. Es ist ein Liebesverständnis, das nicht auf gegenseitigem Verständnis und Solidarität beruht, sondern auf einem ausschließenden, besitzergreifenden Verständnis, das – nicht überraschend – Frauen als Subjekte auslöschen soll. Romantische Liebe gibt vor, dass Frauen mit der Beziehung verschmelzen. Darin behauptet sich das Männliche als das dominante Geschlecht.

Sent: Sunday, August 2, 2020 04:47 AM

(...) the end of the romantic love that was fed to many of us is not the end of love, but the beginning of it. What I criticized in *Wages Against Housework* was the fictitious love that is advertised e.g. in Hollywood movies and that has served to romanticize a lie of housework, of dependence, and a family in the majority of cases built on unequal power relations. Romantic love is not the only form of love, and love itself is not a fixed, static reality. I believe that as we struggle to create egalitarian relations between women and men and a non-misogynous society we will also discover new forms of love.

(...) Das Ende der romantischen Liebe, die uns eingebläut wurde, wird nicht das Ende der Liebe sein. Sondern ihr Anfang. In »Lohn für Hausarbeit!« kritisierte ich, dass die fingierte Liebe, die etwa in Hollywoodfilmen beworben wird, seit jeher dazu diente, eine falsche Annahme zu romantisieren: und zwar dass Liebe Hausarbeit und Abhängigkeit bedeutet. Die meisten Familien fußen auf diesen ungleichen Machtverhältnissen. Die romantische Liebe ist nicht die einzige Form der Liebe. Und Liebe ist nicht fix und statisch. Ich glaube daran, dass wir in dem Kampf für gleichberechtigte Beziehungen zwischen Frauen und Männern und in dem Kampf für eine nicht-misogyne Gesellschaft neue Formen der Liebe entdecken werden.

SIEBEN: TECHNOLOGIE UND ZÄRTLICHKEIT

In seiner Schrift *Maschinenfragment* (1857/8) prognostizierte Karl Marx: Der vom Kapitalismus geförderte technologische Fortschritt werde letztlich eines Tages den Kapitalismus selbst unterwandern. In einer vollständig technologisierten und automatisierten Welt bräuchte es keine Produktion mehr, die menschliche Arbeitskraft ausbeute. Zum Schluss bliebe eine Art Superknopf, ein Superroboter, der nur noch von einem arbeitenden Menschen bedient werden müsste.

Schöne neue Welt! Wie viel Zeit bliebe uns dann, um uns dem Zwischenmenschlichen zuzuwenden – zu reden, zuzuhören, uns körperlich und nicht körperlich zu berühren, Zärtlichkeit zu genießen, zu experimentieren. Und auch der Umgang mit Care- und Hausarbeit könnte sich grundlegend ändern – zu

Hause und in Pflegeeinrichtungen. In ihrer Kurzgeschichte *Die menschliche Hand* entwirft die Autorin Christiane Frohmann von dieser Utopie ausgehend folgendes Szenario:

»Was wäre, wenn man, sobald die Technologie ausgereift war, Roboter in jenen Bereichen der Pflege einsetzte, die Menschen unangenehm waren. Eine Pflegekraft, die einer anderen Person nicht mehr in potenziell peinlichen Situationen assistieren müsste, könnte unbelasteter und auf Augenhöhe mit ihr sprechen. Patientinnen würden sich autonom mit einem Knopfdruck oder Blinzeln der Augen die benötigte automatisierte Hilfe holen können, was die Vorstellung von Hilfsbedürftigkeit und damit den Status von Alten, Kranken und Menschen mit Be*hinderungen radikal verändern würde.«[57]

Eine Theoretikerin, die jedoch nicht daran glaubt, dass allein die Technologie in einer postkapitalistischen Gesellschaft helfen könnte, bestehende Herausforderungen beim Thema Pflege und Fürsorge aufzuheben, ist Silvia Federici. Im Idealfall würden zwar einige Haushaltsaufgaben mechanisiert und neue Formen der Kommunikation erprobt werden, meint sie. Doch stelle sich dann immer noch die Frage, wie wir das Waschen, Trösten und Anziehen eines Kindes wie auch die Unterstützung von kranken und alten Menschen völlig mechanisieren könnten. »Welche Maschine müsste das sein«, so Federici, »die über die dafür notwendigen Fertigkeiten und Gefühle verfügte?«

Für Federici ist diese Prognose wichtig, um zu unterstreichen, dass auch im Postkapitalismus die Geschlechterfrage, die gerechte Aufteilung von emotionaler, Haus- und Fürsorgearbeit sich nicht von selbst erledigt – dass es sein könnte, dass die geschlechtliche Arbeitsteilung auch in eine vermeintlich neue Gesellschaft getragen werden könnte. Und damit hat sie Recht.

Und dennoch will ich ein Gedankenspiel wagen: Welche Maschine könnte das sein, die nicht nur wäscht und anzieht, sondern auch tröstet, wie Federici schreibt? Können Roboter eines Tages menschenähnliche Gefühle entwickeln?

Diese spannenden Fragen treiben Laien wie mich und Wissenschaftler*innen um. Der aktuelle Konsens unter Robotiker*innen lautet, dass es Robotern dazu an Hormonen, Schmerzempfinden und Neuronen fehle. (Selbstverständlich würde die Tatsache von *fühlenden* Robotern weitere ethische Fragen nach der Rechtmäßigkeit ihrer Einsetzung in der Pflege von Menschen aufwerfen, aber das werde ich nicht in diesem Buch diskutieren können.) Einig ist sich der Expert*innenkreis jedoch, dass es bereits jetzt Robotern gelingt, für uns bekannte Gefühlsäußerungen adäquat darzustellen und zu simulieren. Und somit Vertrauen zu wecken.

Einer davon ist Pepper. Dieser sogenannte Robotergefährte ist ein Verkaufsschlager in Japan. Pepper wurde dazu programmiert, die Mimik und Gestik von Menschen zu analysieren und auf ihre Gefühle zu reagieren. Viele Menschen entwickeln zu ihm starke Bindungen, gerade pflegebedürftige oder isoliert lebende Personen. Laut Medienberichten verlieben sich manche gar in Pepper.
Ich möchte diesen Zustand nicht beschönigen. Nationen wie Japan sind hyperkapitalistische, ausbeuterische Gesellschaften, in denen viele Menschen an dem Umfang ihrer Lohnarbeit, meist bis zu zwölf Stunden am Tag und ohne freie Wochenendtage, zugrunde gehen.

Es ist kein erstrebenswerter gesellschaftlicher Zustand, in dem Menschen derart vereinsamen, von anderen Menschen so isoliert sind, dass Roboter ihre einzigen Gefährten bleiben.

Doch vielleicht ist Pepper die Maschine, deren Existenz Federici auch in einer postkapitalistischen Gesellschaft bezweifelt – eine Maschine, die tatsächlich Trost und Fürsorge spendet –, nicht nur, weil ausgebeuteten Menschen die Zeit und Energie zum Austausch mit anderen Menschen fehlt, sondern weil Pepper dann Teil einer Vielfalt der Zärtlichkeiten wäre.

Aber die Zärtlichkeit zwischen einem Roboter und einem Menschen ist doch nicht dieselbe wie zwischen zwei Menschen! würden manche antworten. Ja, das stimmt. Aber gleichzeitig sind doch Gesten der Zärtlichkeit auch unter Menschen nie *dieselben*. Jede Begegnung, jede Art der Fürsorge ist unterschiedlich. Und gerade deshalb finde ich das Beispiel von Pepper so spannend: weil es doch die Normen oder die angebliche Natur von dem, was wir für ausschließlich *menschliche* Gesten der Zärtlichkeit halten, herausfordert.

Wenn sich Menschen gar in Roboter verlieben können, was ist dann die rein menschliche *Natur* der Liebe und Zärtlichkeit? Der Begriff der *Technik* stammt aus dem altgriechischen *tekhne (τέχνη)* und hat europäische Philosophien maßgeblich geprägt. Übersetzt wird der Begriff häufig mit gestalterischer Tätigkeit, Kunstfertigkeit, Handwerk. Und dieser Definition liegt meist eine binäre Abgrenzung zugrunde. Die *tekhne* wird als Opposition zur *physis*, zur Natur, verstanden. Das Problem mit binären Oppositionen habe ich versucht in den vorhergehenden Kapiteln deutlich zu machen: Sie schaffen Grenzziehungen, zwischen denen wir wie Tischtennisbälle hin und her springen. Sie lassen keine Fluidität in unserem Selbstverständnis und dem Verständnis unserer Beziehungen zu.

Sollten wir also weiter an dieser Dualität der menschlichen Natur zur Technologie festhalten? Oder brauchen wir nicht eher ein Aufbrechen dieser Grenzen, die unser Menschsein und *zwischen*menschliches Sein definieren wollen? Kann die Technologie uns vielleicht sogar helfen, einander neu zu begegnen und neu zu verstehen?

Im Mai 2015 besuchte ich in Köln den Vortrag eines berühmten slowenischen Philosophen, der mir in den letzten Jahren besonders durch sexistisches Geschwurbel aufgefallen ist (auch er ist etwa der Meinung, dass die #MeToo-Bewegung ein Angriff auf Leidenschaft und Erotik sei und dass »Machtspiele« dazugehören würden. Er feuert regelmäßig gegen trans Menschen und bezeichnet den Kampf für ihr Existenzrecht als gefährliches »Dogma«). Sein Name ist Slavoj Žižek.

Doch damals stellte er auf der Bühne ein Gedankenexperiment vor, das mir seitdem nicht mehr aus dem Kopf geht: Zwei Menschen haben ein romantisches Rendezvous. Nun stellen wir uns vor, dass sie von zwei Robotern begleitet werden, Miniaturausgaben ihrer selbst, zwei Avatare. Diese Miniaturausgaben bringen im Laufe des Abends sämtliche Riten und Konventionen hinter sich, die von romantischen Rendezvous erwartet werden: Sie dinieren bei Kerzenschein. Und haben am Ende Sex. Die zwei Menschen hingegen sind an diesem Abend befreit von einem kollektiven Imperativ, von all den Erwartungen, die an ihre Begegnung gerichtet werden. Sie haben diese auf ihre Roboter abgeladen. Vielleicht plaudern sie stundenlang belangloses Zeug, liegen zusammen in Jogginghosen vor dem Fernseher. Sie kümmern sich um ihre unmittelbaren Bedürfnisse, von denen eins natürlich Sex sein kann. Aber nicht sein muss.

Nun muss ich zugeben: Meine Erinnerung an den Abend hat sich über die Jahre hinweg offenbar verfälscht. Zumindest fiel mir das wie Schuppen von den Augen, als ich bei meiner Recherche für dieses Buch folgenden Bericht zu dem besagten Vortrag im *Kölner Stadt-Anzeiger* las:

»Und dann erzählt Slavoj Žižek noch die Geschichte mit dem Sexspielzeug: Ein Mann und eine Frau kaufen sich einen Dildo-Vibrator und eine batteriebetriebene Vagina, stecken die Geräte ineinander und schalten sie an. ›Das ist die totale Freiheit‹, sagt der Philosoph ironisch. Das Paar folge dem kollektiven Imperativ unserer Tage – ›Du musst genießen!‹ – und könnte dem Genuss doch gleichzeitig nicht ferner sein. Vermutlich fühlen sie sich sogar noch aufgeklärt dabei. ›Die gefährlichste Entfremdung ist die, die wir nicht als Entfremdung wahrnehmen, sondern als Freiheit‹, befindet Žižek.«[58]

Selbstverständlich hat meine Version wenig mit der Version des *Kölner Stadt-Anzeiger* zu tun, deren Korrektheit ich nicht anzweifeln möchte. In dieser beschreibt Žižek den Einsatz der Sextoys als einen neoliberalen Trugschluss der Selbstverwirklichung, der die Menschen einander in ihrer Körperlichkeit nicht näherbringt, sondern entfremdet. Und dieser Žižek von 2015 passt hervorragend zu dem Žižek, der in den letzten Jahren von sich reden machte: ein linker Denker in der selbsternannten Tradition der Psychoanalyse und von Hegel und Marx, der den Abschied von etablierten Konventionen von Sexualität und Romantik befürchtet, ihn als Bedrohung, als kapitalistische Verrohung einer vermeintlichen *Natur* des Genusses versteht. Ich behaupte hingegen, dass es sich vor allem um eine Bedrohung handelt: der cis hetero patriarchalen Deutungshoheit.

Mein Erinnerungs-Žižek hingegen, den ich bevorzuge, beschreibt ein technisches Tool der Emanzipation von den patriarchalen *und* kapitalistischen Traditionen der romantischen Liebe. Meine Skizze der Begegnung der zwei Menschen mag auch keine Revolution der Gefühle sein. Denn die Erwartungen, mit denen sich die zwei Menschen bei ihrem romantischen Date auseinandersetzen müssen, scheinen als solche nicht aufgehoben zu sein. Sie werden nur auf technische Tools verschoben. Aber sie bietet eine Hintertür, um den Raum der Zwänge zumindest zeitweise zu verlassen und so über neue Formen des Miteinanders nachzudenken.

Während Žižek bei seinem Vortrag den Dildo-Vibrator und die batteriebetriebene Vagina als Zeichen einer *gefährlichen* Entfremdung deutet, entwirft der Philosoph Paul Preciado in seinem radikal queerfeministischen Buch *Kontrasexuelles Manifest* eine so scharfsinnige wie erhellende *Philosophie des Dildos*. Auch er beschreibt einen Prozess der Entfremdung, den er jedoch als positiv deutet. Preciado plädiert dafür, den Dildo und den Anus ins Zentrum der Lust zu rücken. Warum? Weil sie zwei Apparate seien, die in dem heteronormativen Verständnis von Sex eigentlich nur als (bedrohliche) Randfiguren auftreten – im Gegensatz zu Vaginen und Penissen.

Die heteronormative Ordnung behaupte, den Vaginen und Penissen dieser Welt ihre natürlichen Aufgaben zuzuschieben: Der Penis muss in die Vagina, und Intimorgane sind zur Fortpflanzung da. Punkt. Auf diese Weise werden unsere Intimorgane auf reine sexualisierte Apparate der Fortpflanzung reduziert, meint Preciado. Doch diese zugeschriebenen Funktionen hätten nichts mit einer in Stein gemeißelten Natur des Menschen zu tun. Sie würden dazu dienen, die patriarchale, heteronormative Architektur unserer Gesellschaften aufrechtzuerhalten. Diese Ordnung will Preciado nun durchkreuzen, indem er die traditionsmäßig sexualisierten und als streng weiblich / männlich sortierten Intimorgane wie Vagina und Penis entsexualisiert. Im Gegenzug dazu sexualisiert er den Dildo und den Anus.

Preciado versucht in seinem Manifest, binäre Oppositionen aufzuheben, die dazu dienen, angeblich abnormale, *unnatürliche* Abweichungen beim Thema Sex und Begehren hervorzubringen: maskulin / feminin, heterosexuell / homosexuell und viele mehr. Überhaupt – eine Grenzziehung zwischen »natürlichen Körpern« und »künstlichen Technologien« ist laut Preciado unmöglich. Denn wir sind alle technologisiert, wir sind alle Cyborgs – frei nach dem Cyborg-Manifest der feministischen Theoretikerin Donna Haraway von 1985. Wir sind hybride Geschöpfe, die den Tieren genauso nahestehen wie den Maschinen, hervorgegangen aus einem Netz aus Schriften, Sprachen, Techniken, Gesundheitspolitiken und Lippenaufspritzungen mit Hyaluronsäure im Kosmetikstudio unseres Vertrauens.

Den Körper betrachtet Preciado daher als ein »Archiv der Menschheitsgeschichte«, das sich aus unterschiedlichen Technologien zusammensetzt. Und jenen Körper mitsamt seinen technologischen Erweiterungen betrachtet Preciado nicht als einen bösen Geist, sondern als einen Raum des Widerstandes, während diese Form der Neudeutung des Menschen in der Geschichte hauptsächlich Schrecken hervorgerufen hat. In dem Märchen *Der Sandmann* (1816) erzählt der Schriftsteller E. T. A. Hoffmann, wie sich der Protagonist Nathanael in Olimpia verliebt. Er stürzt sich vom Turm, als er erfährt, dass sie »nur« ein Automat ist. Warum eigentlich? Warum die Angst und der Ekel vor einem Bild unseres Gegenübers, das sich einer angeblichen Natur des Menschen entzieht und unser Verständnis von Mensch und Liebe transformiert?

Die Antwort ist so einfach wie komplex. Es ist dieselbe Panik, die die Kämpfe und Existenzen von trans Menschen bei Denkern wie Slavoj Žižek auslösen: die Panik, dass ihre Stellung als Bezugsmitte des angeblich Natürlichen und absolut Wahren infrage gestellt wird, weil trans Menschen auch durch körperliche Veränderungen beweisen, dass Menschen sich dieser definierten Natürlichkeit entziehen können. Es ist die Panik, dass geschlechtliche und andere patriarchale Binaritäten aufgebrochen werden, die cis Menschen Macht und Privilegien versprechen – selbst wenn sie sich eigentlich als Revolutionäre betrachten.

Doch mit seinem Technikpessimismus ist Slavoj Žižek nicht alleine, auch die Philosophin Silvia Federici reiht sich hier gelegentlich ein. Die Soziologin Eva Illouz prägte den Begriff der »kalten Intimität«[59], den gerade linke, antikapitalistische Denker*innen gebrauchen, um die Kultur der Emotionen unseres spätkapitalistischen Zeitalters, motorisiert und kalkulatorisch, zu beschreiben. Auch ich habe offenbar ein Problem mit der Emotionskultur unserer Gegenwart. Sonst hätte ich keinen Grund, dieses Buch zu schreiben. Doch im Gegensatz zu vielen Denker*innen betrachte ich technologische Errungenschaften, das Internet oder Dating-Apps nicht als die Erzfeinde des Emotionalen schlechthin.

Besonders der kroatische Philosoph Srećko Horvat schreibt sich in seinem Buch *Die Radikalität der Liebe* über die heutige Ära der »Hyperkonnektivität« und vor allem über unsere digitale Datingkultur derart in Rage, als hätte ihm das Internet höchstpersönlich einen Korb gegeben. »Aber ist dies die wahre Neuerfindung der Liebe?«, fragt er sich. »Man kommt und kauft ein? Sollte eine wahre Begegnung nicht einen Kreuzzug beinhalten oder manchmal sogar eine Zeit in der Hölle? Was Sex-Apps in der Regel nicht bieten können, sind genau die Dinge, die beim Verlieben wichtig sind.«

Ja, Horvat vergleicht tatsächlich – in Anlehnung an den französischen Schriftsteller Arthur Rimbaud – die Liebe nicht nur mit einem gewaltvollen, kriegerischen und meist kolonialistischen »Kreuzzug«. Er reiht sich auch in die lange Liste der Autoren ein, die uns lehren wollen, was die *wahre Natur* des Verliebens sei. Aber ich möchte mich weder mit Schwertern im Schlamm duellieren, noch will ich in die Hölle. Da gibt es vermutlich kein Internet. Und für viele Menschen ist der Alltag in rassistischen und sexistischen Gesellschaften Hölle genug.

Über Dating-Apps wie *Tinder*, *Grindr* oder *OkCupid* wurde die letzten Jahre bereits so viel Alarmierendes geschrieben, dass ich darauf nur mit wenigen, gelangweilten Sätzen antworten will. Selbstverständlich haben sich die Dynamik und Methodik von romantischen oder sexuellen Annäherungen und Dates verändert, beschleunigt und viele Tendenzen unserer kapitalistischen Emotionskultur, wie auch Horvat beobachtet, verschärft: Potenzielle Dates werden gleichsam wie in einem Kaufhausregal von Waren aufgereiht, die zunächst nach äußerlichen Merkmalen bewertet und selektiert werden. Die Apps folgen einer eigenen Ökonomie von Angebot und Nachfrage. Wer bereits viele Anfragen hat, kümmert sich nicht um die zehnte. Hier wird soziales wie emotionales Kapital in rasanter Geschwindigkeit geschöpft.

Und es gibt noch weitere Probleme mit diesen Apps: Bei OK-Cupid oder Planetromeo können User*innen immer noch nach Menschen einer bestimmten *Ethnie* suchen. Im Juni 2020 hatte *Grindr* verkündet, den Filter zu entfernen. Denn rassistische Fetischisierungen und Zuschreibungen werden somit normalisiert.

Gleichzeitig weiß ich jedoch, dass nicht die Dating-Apps an sich der Ursprung des Problems sind. Dating-Apps lassen Menschen nicht plötzlich zu Rassist*innen mutieren. Sie lassen nur mitunter sichtbar werden und verstärken, was bereits existiert. Wie kann es sein, dass wir in einer Kultur leben, in der Menschen »No Asian« oder »No Blacks« in ihre Grindr-Profile schreiben können, ohne sich an der nächsten Ecke vor Selbstekel aufzulösen? Nicht Apps sind per se grausam, sondern was sexistische, rassistische, ableistische Kulturen aus ihnen machen.

Aber das ist nicht die einzig gültige und wahre Erzählung über Dating-Apps. Denn sie haben auch die Romantik und Erotik demokratisiert. Auch introvertierte oder andere Menschen, die auf dem konventionellen Liebesmarkt an den Rand gedrängt werden, haben nun Werkzeuge, mit anderen in Kontakt zu treten. Queere Menschen haben ihre eigenen virtuellen Räume. Fühle ich mich von einem Account belästigt, kann ich – anders als in der Bar – ihn blockieren oder melden.

Ich habe durch Dating-Apps sehr viel über mich selbst gelernt: worauf ich mich einlassen will, was mir gefällt, was mir nicht gefällt. Ich habe gelernt, Wünsche unmittelbar zu äußern und sie für eine Annäherung vorauszusetzen. Manchmal brauchen Intimität und Zärtlichkeit eben das auch von manchen romantischen Linken so verhasste Kalkül. Sie brauchen manchmal Systematik und Planung, damit sie aus der Vorherrschaft der Gewohnheit heraustreten können, damit bewusst Räume für Experimente und Zweifel etabliert werden, Grenzen gemeinsam aufgestellt und gemeinsam wieder niedergerissen werden können. Und wenn ich beginne, die romantische Liebe nicht als *Natur* des Menschen zu begreifen, akzeptiere ich, dass sie *menschengemacht* ist, eine soziale Technologie, die dementsprechend anpassbar und transformierbar ist. Und das eröffnet mir Handlungsräume.

All diese Skepsis und Ablehnung den Möglichkeiten des Internets gegenüber erinnern mich daran, wie meine Eltern mal unser Internet kappten. Sie verkündeten eines Abends aus dem Nichts, den ISDN-Vertrag gekündigt zu haben. Ich, damals erst um die zehn Jahre alt, war lediglich verdutzt. Ich nutzte das Internet hauptsächlich dafür, lustige Tierbilder zu sammeln. Doch meine ältere Schwester war entsetzt. Das Internet war ein sicherer Raum, der elterlichen Aufsicht entzogen, in dem sie sich mit ihren Freund*innen austauschen konnte. Und genau das war meinen Eltern ein Dorn im Auge.

Ich hatte das Privileg, mit dem Internet aufzuwachsen. Auch für mich war es oft eine Flucht aus der familiären Kontrolle.
Und noch heute ist es ein Weg aus der Enge. Ich habe das Glück, daran teilhaben zu können, wie im Internet neue Formen des Miteinanders diskutiert und erprobt werden. Auf Instagram etwa entstehen junge Gegenkulturen mit eigenen Bildern und Erzählungen über Körperlichkeit, Geschlecht, Erotik, Romantik und Freund*innenschaft. Indem Menschen, die in konventionellen Medien strukturell weniger stattfinden – be*hinderte, rassifizierte und/oder queere Menschen –, die Macht über ihre eigene Repräsentation haben, werden die Bilder diverser. Und infolgedessen mehrdeutiger. Natürlich müssen sich andere Nutzer*innen auf diese Repräsentationen einlassen und nicht in ihrer eigenen, homogenen Blase verweilen.

Und die Zärtlichkeit im Internet hat nationale Grenzen gesprengt, vernetzt und politisch mobilisiert. Die »Black Lives Matter«-Proteste im Sommer 2020 hätten als Bewegung nicht solch ein transnationales Ausmaß gewonnen, wenn Menschen online nicht an den Erfahrungswelten und Bedürfnissen anderer Menschen hätten teilhaben können.

Gleichzeitig weiß ich, dass das Digitale in seiner jetzigen Form kein gerechter oder utopischer Raum ist, weil ich etwa als rassifizierte Journalistin in diesen Räumen regelmäßig von Rechten bedroht werde. Weil Instagram lieber Bilder von Brustwarzen weiblich gelesener und definierter Körper löscht als rassistische oder antisemitische Inhalte. Weil große Konzerne aus meinen Daten und meinem Bedürfnis nach Verbundenheit Profit schlagen. Weil Facebook, Instagram und Co. keine Institutionen sind, die wir als Öffentlichkeit demokratisch lenken können.

Und natürlich darf ich bei alldem nicht die Produktionsbedingungen der Geräte vergessen, die mir den Zugang ins Internet verschaffen: Smartphones, Computer, Tablets. Geräte, Maschinen, Roboter, die im globalen Süden (mit-)produziert werden, dessen natürliche und menschliche Ressourcen im digitalen Kapitalismus für unseren Konsum ausgebeutet werden. Und so muss ich Silvia Federici in diesem Punkt recht geben: Unter diesen Umständen gibt es tatsächlich keine Gerechtigkeit für alle Menschen durch Technologie – und keine Zärtlichkeit für *alle* Cyborgs dieser Welt.

ACHT: SELF-LOVE IS THE ANSWER?

In einer Welt, in der marginalisierten Menschen von klein auf gespiegelt wird, dass ihre Körper weniger wertvoll sind, ist es ein Akt politischen Widerstandes, diese Erniedrigung nicht zu verinnerlichen, sich nicht von ihr zerfressen zu lassen, den Zuschreibungen und Anmaßungen der Dominanzgesellschaft ein *Fuck you!* entgegenzubrüllen, ihre Wahrheiten nicht zu eigenen zu erheben.

Zu diesen Wahrheiten gehören etwa solche, die den eigenen Körper als schön oder hässlich bewerten – und das entlang einer Skala, die den hellhäutigen, dünnen cis Körper ohne Be*hinderung als Norm der Schönheit definiert. Fernsehshows und Werbetafeln propagieren in vielen Ländern der Welt – vor allem in ehemaligen westlichen Kolonien – das Ideal eines schönen Körpers: helle Haut, zierliche Glieder, keine Körperbehaarung und glattes Haar, Normen, deren Erfüllung ich auch meist automatisiert anstrebe.

Der Kampf um die Deutungshoheit von Schönheit ist seit jeher ein Politikum und eine Form des Widerstands. »Was passiert, wenn wir die Grenzen unseres Verständnisses von Schönheit aufbrechen und uns selbst als schön wahrnehmen?«, so die Künstlerin Mandy Harris Williams, die sich in ihren wissenschaftlichen und künstlerischen Arbeiten mit der afrikanischen Diaspora in den USA beschäftigt, in einem Interview: »Du könntest es Freude nennen. Ich glaube, es ist womöglich mehr als das.«[60]

Doch was folgt, wenn wir all das hinter uns lassen? *Selbstliebe*? *Liebe dich selbst*? Dieser Slogan kommt mir bekannt vor. Er begegnet mir tagtäglich auf Instagram, im Fernsehen, in Gesprächen und bestätigt eine Binsenweisheit: Wenn Gesellschaften Formeln gebetsmühlenhaft wiederholen, zeugt das nur von ihrer Unfähigkeit, sie in eine reale, soziale und politische Wirklichkeit zu übersetzen. Das beste Beispiel ist das Mantra der *Solidarität*, das während der Coronakrise allseits bemüht wurde. Doch mit welchen grundlegenden, langfristigen Veränderungen hat das Gesundheitssystem auf die Bedürfnisse von Risikogruppen geantwortet? Und was folgte auf das Solidaritätstheater, auf den Beifall von den Balkonen für das schlecht bezahlte Pflegepersonal im und am Rande des Burn-outs? Genau. *Nichts*.

Dass Forderungen wie *Selbstliebe* oder *Self-Care* sich in den letzten Jahren wie ein Lauffeuer verbreitet haben, zeugt davon, dass wir in unserer Gesellschaft ein großes Problem mit Selbsthass haben – und dass dieses Problem kein individuelles, sondern ein strukturelles ist.

Einerseits erinnern mich diese Schlagworte tatsächlich punktuell daran, eine Pause einzulegen, meine Grenzen zu justieren, mir Zeit für Menschen zu nehmen, deren Zärtlichkeit mich warm hält, und mich, meine Hände, meine Füße, meine Arme, meine Beine und meinen Kopf, aus dem Zahnrad in einem Uhrwerk aus Lohnarbeit und Erschöpfung zu retten. Nicht umsonst gilt auch Faulheit als ein politisches Kampfmittel gegen die kapitalistische Doktrin von Produktivität und Wachstum. Die Journalist*in Amina Aziz hat dem Thema eine Folge in ihrem Podcast *Mit freundlichen Grüßen* gewidmet. »Der kapitalistische Leistungswahn führt zu mentalen Problemen, Burn-outs und zerstörten Beziehungen«, heißt es in dem Ankündigungstext, »und vor allem von Rassismus Betroffenen wird das Recht faul zu sein abgesprochen. Um akzeptiert zu werden, wird erwartet, dass sie ihren Wert für die Gesellschaft schaffen.«

Insbesondere sehr viele rassifizierte, arbeitende oder queere Menschen leiden unter Traumata, die immer wieder aufgefrischt werden, weil Diskriminierung, Erniedrigung und Ausschlüsse auf allen gesellschaftlichen Ebenen, in allen Sphären, Kontinuität haben. Selbstliebe kann also auch die Erinnerung bedeuten, sich an das Recht auf die eigene Heilung zu erinnern, dafür Räume und institutionelle Strukturen zu fordern. Oder manchmal auch einfach nichts zu fordern und zu schweigen. Zu atmen.

Andererseits haben sich die Formeln der Selbstliebe und der Heilung zumindest im Mainstream hervorragend in kapitalistische Logiken gefügt. Wie auch beim Thema Wellness und *Self-Care* ist die Maxime oftmals an ein Versprechen geknüpft, das per Konsum erfüllt werden soll: *Kauf dies, weil du dich liebst. Kaufe jenes, weil du es dir wert bist.*

Auch erinnert mich die Formel an eine andere neoliberale Maxime nach essenzialistischer Logik: *Sei du selbst* – was in den meisten Fällen heißen soll: Optimiere dich. Meiner emotionalen Entwicklung wird ein Ziel gesetzt, das vermeintlich mein wahres, vollkommenes Ich ist, das nur darauf wartet, von mir entdeckt zu werden. Von solchen Konzepten halte ich nichts.

Denn ich bin in jedem Kontext, in jedem Verhältnis zu anderen Menschen, an jedem Ort ich – und zugleich anders. Ruht mein Kopf im Schoße meiner Mutter, bin ich wieder ein junges Mädchen, mein Körper schrumpft in der Geborgenheit. Manchmal stehe ich auf einer Bühne, spreche, wachse und wachse noch in den nächsten Tagen wie ein Baum in alle Richtungen. Ich bin Kind von Eltern, die in Adıyaman geboren wurden und in Deutschland alt wurden. Ich nenne keinen Ort der Welt meine Heimat. Und das ist gut so. Ich bin Tochter, Schwester, Freundin, Partnerin, Autorin, Feministin. Und manchmal die reine Ungewissheit. Ich bin eine Ansammlung an Erfahrungen, Geschichten und Selbstbeschreibungen, die im Verhältnis zu anderen Menschen entstehen, im Verhältnis zu Fremdbeschreibungen, die ich manchmal annehme und manchmal bekämpfe. Die Konstanten meines Ichs sind meine Zärtlichkeit für andere Menschen. Und meine Überzeugungen. Aber auch die wandeln sich.

Ich habe einen Alternativvorschlag zu *Liebe* oder *Sei du selbst*: Sei. Mit all den Widersprüchen, Ambiguitäten, der Orientierungslosigkeit, Unfertigkeit, in der ganzen Präsenz der eigenen Körperlichkeit, jenseits jeder Logik und dem Anspruch auf Linearität. Wenn es überhaupt ein Ziel gibt, dann das, eine soziale Wirklichkeit zu schaffen, in der es möglich ist, angstfrei zu *sein*. Der Soziologe Cihan Sinanoğlu skizzierte dies so: Statt sich selbst zu finden, sollte es doch eher darum gehen, ein

Umfeld zu schaffen, in dem unterschiedliche Formen des Selbst gelebt und thematisiert werden können.

Früher habe ich die Überzeugung verteidigt, dass Menschen sich zunächst selbst *lieben* müssen, um von anderen geliebt werden zu können – ohne zu wissen oder definieren zu können, was es bedeuten soll, sich selbst zu *lieben*. Und, so meinte ich, Menschen müssten in der Lage sein, das völlig autonom zu tun, als wären sie unbezwingbare Festungen zwischen all den Abweisungen und dem Hass.

Doch warum sollten Menschen, die an sich zweifeln, nicht geliebt werden können – eben mit ihren Zweifeln? Die tragfähige Basis meiner Beziehung zu anderen Menschen ist heute eine andere Kategorie, und zwar eine Überzeugung, die in ihrem Kern eine politische ist: Ich (genauso wie mein intimes Gegenüber) besitze eine Würde, die mir das uneingeschränkte Recht gibt, Zärtlichkeit zu empfangen und zu geben.

Diese Würde zu verteidigen ist eine Entscheidung, die wir gemeinsam im Sprechen und Handeln manifestieren. Denn – so schön es auch wäre – niemand wird mit Würde oder Selbstachtung geboren. Es ist ein soziales Versprechen, das uns Gesellschaften und Institutionen geben. »Die Würde des Menschen ist unantastbar« lautet der erste Artikel des deutschen Grundgesetzes. Doch wir wissen, dass die Würde des Menschen in diesem Land antastbar ist, dass sie entzogen werden kann, wenn Geflüchtete etwa unter Verstoß gegen internationale Menschenrechte in Herkunftsländer abgeschoben werden, in denen sie Verfolgung, Armut und Tod erwarten. Oder wenn Menschen an europäischen Außengrenzen dem Ertrinken überlassen werden. Würde wird mir von Gesellschaften entgegengebracht, sie ist eine soziale Kategorie, die in der Interaktion mit Menschen und Institutionen entsteht und sich realisiert. Genauso ist Selbstachtung eine Erfahrung, die ich im Austausch mit meinem Umfeld mache und mich selbst als einen gleichwertigen und würdevollen Menschen erleben lässt.

Dafür gilt es zunächst anzuerkennen, dass ich in Abhängigkeit zu anderen Menschen stehe und sie zu mir. Die dominanten modernen Subjektphilosophien nach Descartes haben den Menschen isoliert und einer vermeintlichen Souveränität überlassen, die er durch seine Vernunftarbeit zu erreichen scheint. Seinem Denken wird oftmals nicht einmal eine Abhängigkeit von der Erfahrung als Körper in der sozialen Welt zugestanden. Die neoliberale Konvention, die in unserer Gesellschaft heute herrscht, folgt einer ähnlichen Logik: *Du* kannst es schaffen. *Du* kannst dich gegen andere durchsetzen. *Du* bist stark. Es liegt in *deiner* Hand. Die Abhängigkeit wird als Schwäche betrachtet.

»Alle Ratschläge, welche die Tradition uns anzubieten hat, uns in souveräner Freiheit von anderen zu halten, laufen darauf hinaus, eine ›Schwäche‹ der menschlichen Natur zu überwinden und zu kompensieren«[61], schreibt die Philosophin Hannah Arendt in ihrem Hauptwerk *Vita activa oder Vom tätigen Leben*. Dabei zieht die Abhängigkeit als Grundbedingung des menschlichen Daseins ihr zufolge eine andere Existenzbedingung nach sich: die Pluralität. Gerade weil wir so verschieden sind, brauchen wir einander. Wir werden als Fremde in die Welt hineingeworfen, können uns der Welt aber zuwenden, indem wir uns im Sprechen und Handeln *einander* zuwenden.

Erst wenn ich meine Abhängigkeit zu anderen Menschen auch als eine Bejahung unserer gesellschaftlichen Pluralität anerkenne, kann ich negative, gewaltvolle Abhängigkeiten erkennen und benennen. Etwa die Herrschaft anderer Menschen über mich, die Herrschaft von Ordnungen und Normen, die versuchen mir das zu rauben, was mich als Menschen mit Würde versieht: die Macht zur eigenen Entscheidung. Welche auch immer das sein mag.

Zu meiner Würde gehört, mich frei und furchtlos bewegen zu können. Zu meiner Würde gehört auch das Recht, meine emotionalen Ressourcen, meine Zärtlichkeit, selektiv zu vergeben. Der Anspruch an Marginalisierte etwa, dass sie auch mit jenen Menschen in Verhandlungen treten müssen, die ihnen fundamentale Existenzrechte absprechen – Rechte, Misogyne und Queerfeinde jeder Couleur –, ist eine gewaltvolle Anmaßung. Es ist würdelos. Meine Ressourcen sind begrenzt, gerade die wertvollste aller Ressourcen in kapitalistischen Gesellschaften: meine Zeit. Und ich habe das vollste Recht, diese wertvolle Ressource für mich und den Austausch mit denjenigen Menschen zu nutzen, vor denen ich mein Recht auf ein würdevolles Leben nicht erst rechtfertigen muss. Allein aus Selbstschutz werde ich immer für mein Recht einstehen, jene Menschen bekämpfen, verachten und meiden zu dürfen, die das Leben meiner Freund*innen, meiner Familie und auch meins auf welche Art auch immer gefährden.

Und gleichzeitig weiß ich, dass in einer gerechteren Gesellschaft auch die Kategorie der Würde überflüssig wäre, weil das Recht eines jeden Menschen auf ein Leben ohne Diskriminierung und Ausbeutung eine politische Selbstverständlichkeit, mehr noch, der Sinn und Zweck von Gesellschaft und jedem politischen Bestreben wäre.

Radikale Zärtlichkeit bedeutet für mich, mir selbst gegenüber zärtlich und nachsichtig zu sein, meine Abhängigkeiten anzuerkennen, mich selbst anzuerkennen, mit all den Widersprüchen, den Ängsten und dem vermeintlichen Scheitern an mir selbst und an den Verhältnissen, die es mir schwer machen. Und gleichzeitig will ich radikal und unnachgiebig sein in meinen Forderungen an die Dominanzgesellschaft, in der positiven Gestaltung unserer Abhängigkeit voneinander. In einer Welt, in der Marginalisierten beigebracht wird, dass der Hass gegen sie legitim ist und sie diesen Hass verinnerlichen, ist der gemeinsame Kampf für eine andere Welt vielleicht die größte Zärtlichkeit, die ich mir und anderen Menschen entgegenbringen kann.

NEUN: UTOPIEN DER RADIKALEN ZÄRTLICHKEIT

In the land of my dreams
You're sweeter than ever before
In the land of my dreams
You love me so much more
I am over here so I'll stay, you'll never stay
If they could only be real (if they could only be real)
Instead of just in my head
In the land of this wonderful dream (wonderful dream)
I imagine you all so close

– Anna Domino »Land Of My Dreams«

WARUM WIR EINE ETHIK DER LIEBE BRAUCHEN

Ende August sitze ich in einem ICE, denke an meine Filmheldin Asya, die sich immer wieder diese Frage stellte: *Was ist Liebe?* Und so komme ich erstmals auf die Idee, Google zu fragen: Google, was ist Liebe? Google spuckt mir in 0,82 Sekunden ungefähr 12,1 Millionen Ergebnisse aus. Während der Online-Duden sich diplomatisch wie üblich präsentiert (»starkes Gefühl des Hingezogenseins; starke, im Gefühl begründete Zuneigung zu einem [nahestehenden] Menschen«), glotzt mich von der sechsten Trefferwebseite ein Typ im Sakko an, der mir »Drei Wahrheiten über Liebe & Verliebtsein« verkaufen will. Auf einer anderen Webseite verspricht mir eine Heilpraktikerin namens Ulrike »10 Fakten, was Liebe wirklich bedeutet«.
Ich frage mich, ob Ulrike, Sakkotyp, Asya und ich auf einen gemeinsamen Nenner kommen. Ich bezweifle es. Dabei versprechen die beiden Ersteren uns doch Bedeutungen! Fakten! Sie scheinen etwas zu wissen, was nicht nur verkaufsfähig ist, sondern für alle Menschen gelten soll, auch für mich und Asya (in meiner Vorstellung lachen wir beiden darüber höhnisch).

Ulrike, der Sakkotyp und nun ja, zugegebenermaßen auch ich sind Teil einer gesellschaftlichen Wissensproduktion über die

Liebe, wir schreiben, deuten, interpretieren und stellen Zusammenhänge her. Ob Ulrike und Sakkotyp sich auch für die politischen, ökonomischen und institutionellen Bedingungen dieser Wahrheiten interessieren? Oder kommen sie erst gar nicht in die Verlegenheit, ihre Wahrheiten zu hinterfragen (in meiner Vorstellung rollen Asya und ich verächtlich mit den Augen)?

Was kann ich wissen? Das ist die erste der vier Grundfragen der Philosophie, die Frage nach der Erkenntnis. Diese habe ich im zweiten Kapitel meines Buchs ein wenig angepasst: Was *soll* ich wissen? Anders formuliert: Wer hat die Macht über die Geschichtsschreibung? Wer bestimmt, welches Wissen als relevant oder wertvoll betrachtet wird – auch über die Liebe? Wer hat die Macht? Und über wen?

Ich behaupte, das sind die Masterfragen schlechthin – egal um welchen Bereich des Lebens es geht. Schauen wir uns etwa eine andere der philosophischen Grundfragen an. Diese lautet: *Was soll ich tun?* Es ist die Frage nach dem richtigen Handeln, also der Ethik. Und auch diese Frage ist selbstverständlich nicht ohne den Blick auf konkrete Machtverhältnisse zu beantworten. Welche Handlungsspielräume bieten sich etwa marginalisierten Menschen in einer diskriminierenden Gesellschaft? Warum werden ihre Handlungsräume eingeschränkt? Wem nützt das?

Und überhaupt – sollte es nicht eher um diese Frage gehen: Was sollte nicht nur ich tun, sondern was sollten *wir* tun? Und das nicht, um wie Ulrike und Sakkotyp angeblich *die* Fakten über Liebe zu verbreiten, die uns alle glücklich machen sollen, sondern um Rahmenbedingungen zu schaffen, in denen möglichst viele Menschen die Möglichkeit haben, ihre eigenen Antworten auf die Frage nach der Bedeutung der Liebe zu finden.

Liebe sei heutzutage mehr als ein kulturelles Ideal, meint etwa Eva Illouz, sie sei eine soziale Grundlage des Selbst, in dem Sinne, dass die Art und Weise, wie wir uns etwa in der romantischen Liebe erfahren, für unseren Selbstwert und unsere Selbstachtung so einschneidend sei. »Gerade aus diesem Grund sind wir wieder, und zwar mehr denn je, auf Ethik in den sexuellen und emotionalen Verhältnissen angewiesen«[62], stellt sie daher fest. Weil wir also in intimen Beziehungen so verletzbar sind, weil wir uns Menschen öffnen, ihnen vertrauen und von ihnen abhängig sind, brauchen wir in diesem Bereich eine Ethik, entlang derer wir unser Handeln orientieren. Mit ihrer Forderung steht Illouz nicht alleine. Auch bell hooks fordert eine Ethik der Liebe, die auf Fürsorge, Konsens, Vertrauen, Respekt und Wissen basiert.

Diese Verantwortung gilt für mein eigenes Handeln in meiner Beziehung, aber genauso für meine Reaktion auf Gegebenheiten, die ich nicht absichtlich initiiert habe. Es liegt in meiner Verantwortung, wie ich reagiere, wenn meine Partner*innen Diskriminierung erfahren. Verantwortung zu übernehmen bedeute in romantischen Beziehungen nicht, dass wir die Realität institutioneller Gewalt und Ungerechtigkeit wie etwa Rassismus, Sexismus oder Homofeindlichkeit aufheben können, so bell hooks, es bedeute auch nicht, verhindern zu können, dass geliebte Menschen Diskriminierung und Gewalt erfahren. Doch wir könnten entscheiden, wie wir uns zu diesen Ungerechtigkeiten verhalten.

Doch reicht es, wenn ich in meinen romantischen Beziehungen oder Freund*innenschaften Verantwortung übernehme? Reicht es, wenn ich nur in diesen Verhältnissen daran interessiert bin, Machtgefälle und patriarchale Hierarchien zu beseitigen, aber außerhalb dieser Beziehungen andere Menschen – insbesondere weibliche Personen, Lesb*innen und Queers – weiter erniedrige und ausbeute? Reicht es, wenn ich eine gute Freundin bin, aber eine unsolidarische Arbeitskollegin?

»Ich bin nicht frei, solange noch eine einzige Frau unfrei ist, auch wenn sie ganz andere Fesseln trägt als ich.«[63] Dieser großartige, oft zitierte Satz der Poetin Audre Lorde gilt auch in diesem Falle: Ich werde nicht in einer gerechten intimen Beziehung leben, solange nicht auch andere Menschen in gerechten Beziehungen leben können, solange wir immer noch über strukturelle Privilegien reden müssen anstatt über das, was uns verbindet. Wenn es keine Gerechtigkeit gibt, keine radikale Transformation der gesellschaftlichen Verhältnisse, bleiben Visionen der Liebe lediglich Visionen für wenige.

Ich kann meine Verantwortung nicht an der Bettkante oder an meiner Haustür abgeben. Verantwortung ist ein Fulltime-Job. Und ich möchte keinesfalls behaupten, dass ich ihn erfülle oder die Ressourcen hätte, ihn in jedem Moment erfüllen zu können. Ich schaue zu häufig weg, wenn Partner*innen, Familie, Freund*innen, aber auch mir fremde Menschen Ungerechtigkeit erfahren. Doch ich versuche mich immer wieder an meine Verantwortung zu erinnern, sie als roten Faden in mein Handeln und in verschiedene Begegnungen und Situationen einzuflechten. Wenn ich annehme, dass das Private politisch ist, dann wird jede Freund*innenschaft und jede Beziehung zu einer politischen Allianz.

Dafür muss ich in der Gesamtheit meiner Erfahrungen mit anderen Menschen Verknüpfungen und Zusammenhänge herstellen können, von verschiedenen Formen struktureller Ungleichheit und Ausbeutung. Was haben Rassismus und Sexismus miteinander zu tun? Was haben all diese hierarchisierenden Systeme mit dem Kapitalismus zu tun? Und was richtet all das mit der Art und Weise an, wie ich anderen Menschen und andere Menschen mir begegnen? Dafür muss ich Bescheid wissen. Ich muss das alles wissen wollen. Und wissen *können*.

Eine Ethik der radikalen Zärtlichkeit ist eine Ethik der Gerechtigkeit. Sie ist eine Ethik eines neuen Miteinanders, das sich gegen die gewaltvollen Logiken und ihren Anspruch auf Unumstößlichkeit stellt. Doch Gerechtigkeit erfordert den gleichberechtigten Zugang zu Ressourcen des Wissens für alle, genauso wie zu Ressourcen der Gesundheit, des Wohnens – kurz, sie erfordert auch Gerechtigkeit in den ökonomischen Verhältnissen. Genauso wie es in rassistischen oder sexistischen Gesellschaften keine Gerechtigkeit geben kann, gibt es auch keine Gerechtigkeit im Kapitalismus, solange Menschen sich als Konkurrierende statt Verbündete begegnen, als Besitz und Besitzende, als herrschende und beherrschte Körper.

WARUM KÖRPER INS ZENTRUM VON UTOPIEN GEHÖREN

Als ein Archiv der Menschheitsgeschichte bezeichnete Paul Preciado den menschlichen Körper. Für viele Menschen, die ich kenne – vor allem arme, rassifizierte, queere und be*hinderte Menschen –, ist der Körper ein Archiv der Traumata, von Diskriminierung und Herabwürdigung. Mit Anfang zwanzig sagte ich: Mein Körper ist mein größter Feind. Weil er schmerzte, blutete und erschöpft war, wenn ich es nicht wollte und nicht durfte. Viele Körper, die ich kenne, sind ertaubt. Viele Menschen empfinden die Tatsache, in einem Körper zu stecken, den sie nicht loswerden, als eine Last. Sie fühlen sich unvollständig.
Und gleichzeitig sind es diese Körper, die lachen, trösten, fühlen und sich umschlingen, einander schützen und retten. Es sind Hände dieser Körper, die sich wie die Finger meiner Eltern bei einem Waldausflug unvermittelt ineinanderhaken, um sich Jahre später für immer zu lösen. Es gibt aber auch Hände, die sich – wie in Melike Demirağs Lied *Arkadaş* – eines Tages, unvorhergesehen und freund*innenschaftlich wiederbegegnen, auf dem Weg in eine gemeinsame Zukunft. In Körpern vereinen sich Gewalt und Widerstand, all die Scheußlichkeiten und Schönheiten unserer Welt. Und all die Utopien.

»Um Utopie zu sein, brauche ich nur Körper zu sein«, sagte ein französischer Philosoph im Jahre 1966 in einer Radiosendung. »Er ist der kleine utopische Kern im Mittelpunkt der Welt, von dem ich ausgehe, von dem aus ich träume, spreche, fantasiere, die Dinge an ihrem Ort wahrnehme und auch durch die grenzenlose Macht der von mir erdachten Utopien negiere. Mein Körper gleicht dem Sonnenstaat. Er hat keinen Ort, aber von ihm gehen alle möglichen realen oder utopischen Orte wie Strahlen aus.«[64]

Philosoph*innen in der Tradition von Platon würden sich bei dieser Schilderung wahrscheinlich die Nackenhaare aufstellen. *Der Körper ist doch fehlerhaft! Irreführend!* Und manche religiösen Traditionalist*innen würden zur Beihilfe eilen: *Er ist auch sündhaft!* Sie alle würden im Chor posaunen: *Es ist nicht der Körper, der glaubt und denkt, sondern die Seele, die in dem Käfig des Körpers gefangen ist!* Da ist er wieder: der Leib-Seele-Dualismus.

Ich möchte anderen Menschen nicht absprechen, an eine Seele zu glauben. Ich glaube auch an Dinge, die ich noch nie gesehen habe. An Gerechtigkeit zum Beispiel. Aber wir leben in einer Kultur, die den Leib-Seele-Dualismus mustergültig in kapitalistische, sexistische oder rassistische Logiken eingegliedert hat und sich zugleich von ihm nähren lässt.

In dieser Logik wird der Körper von einer ganzheitlichen Kategorie des Seins abgespalten. Er scheint nur irgendwie dazuzugehören, eine Masse an Blut und Haut, ein Ding, das wir (leider) nicht loswerden. Es ist ein Körper, der existiert, um zu funktionieren, der scheinbar losgelöst vom Denken, Fühlen, von Traumata und Widerständen handelt und arbeitet, den ich im besten Falle besitze und beherrsche, genauso wie andere ihn besitzen und beherrschen. Körper werden ausgenutzt, ausgebeutet und unterdrückt, damit Menschen, die über andere herrschen, im selben Atemzug vertröstend sagen können: *Nun habt euch doch nicht so! Ihr bleibt Freigeister! Die Gedanken sind doch frei!*

»We do not have our bodies, we are our bodies«, hält die Philosophin Trịnh Thị Minh Hà dem entgegen. Wir würden mit unserem ganzen Körper schreiben, denken und fühlen. Ein Gedanke sei nicht das Produkt eines alleinigen Organs.
Und genauso verhalte es sich, wenn wir andere Menschen begehren würden. Wir würden nicht begehren, weil wir unvollständig seien, meint Trịnh. Nicht weil unsere Körper unvollkommen sind, die eine Hälfte von Platons Kugelmenschen, nur ein deformierter Teil einer höheren, heiligen Vollkommenheit. »(…) we simply desire, and we desire as we are.«[65]
Wir sind unsere Körper. Wir begehren. Und wir begehren, wie wir sind. Das klingt zunächst so banal wie die Feststellung, dass eins eine Zahl ist. Doch auch diese vermeintlich selbstverständliche Aussage hat Konsequenzen, Fragen und Feststellungen, die aus ihr folgen: Ist die Eins denn eine gerade Zahl? Eine Quadratzahl? Ist sie natürlich? Eine Primzahl? Eine Kubikzahl? Da haben wir den (Zahlen-)Salat.
Welche Folgen hat es also, wenn wir uns als Menschen so denken wie Trịnh, als Körper, die wir sind und nicht nur besitzen?

Es hat etwa zur Folge, dass wir anders über romantische Liebe, Erotik, Sexualität oder Freund*innenschaft nachdenken können, wie es auch Trịnh tut. Vielleicht werde ich das nächste Mal stutzig und will eine Erzählung der romantischen Liebe nicht länger akzeptieren, in der ein Mensch behaupten kann, mich zu lieben, während er mich zugleich krank macht, meinen Körper ausnutzt und ihm schadet, als sei dieser kein Teil meines angeblich *geliebten* Ichs.

Wenn ich annehme, dass ich in jedem Moment mein Körper bin, nicht nur wenn ich küsse und streichle, sondern auch wenn ich denke und fantasiere, kann ich mich auch für eine Vielfalt von zärtlichen, körperlichen Erfahrungen öffnen, die nicht sexuell oder nicht im üblichen Sinne romantisch sein müssen. Ich kann die Lust am Körperlichen neu entdecken. Etwa die Lust zu spüren, wie manche Ideen, manches Wissen oder Gedanken an manche Utopien im Bauch prickeln. Ich kann die Erotik eines wirklich erhellenden Gesprächs erfahren, die meinen Körper erregt.
Um ein neues Verständnis von Erotik jenseits tradierter Abläufe und patriarchaler Selbstverständnisse geht es Audre Lorde in ihrem Essay *Uses of the Erotic.*[66] Sie versteht Erotik als eine Quelle von Wissen und Macht, die daraus erwächst, ein tiefes Verlangen und Streben mit einem anderen Menschen zu teilen. Es sei das Teilen von Lust welcher Art auch immer, die dadurch nur größer werde – und die Selbsterfahrung als Mensch, der fähig ist zu fühlen. »Und dieses tiefe und unersetzbare Wissen um meine Lustfähigkeit bringt mich dazu, mein Leben ganz im Zeichen dieser Erkenntnis zu führen – dass es diese Erfüllung gibt und sie weder Ehe noch Gott oder das Leben nach dem Tod bedeuten muss.«

Doch vor allem hat ein anderes Verständnis von Körper*sein* zur Folge, dass eben jene Körper, die seit Jahrhunderten unterdrückt und ausgebeutet werden, anstelle religiöser oder spiritueller Ideale und Normen ins Zentrum unserer Utopien rücken – kleine, große, erschöpfte Körper, Körper, wie sie sind und mit ihrem Recht auf Erotik, Entfaltung und Unversehrtheit. Genau das tun viele Bewegungen bereits seit Jahrzehnten: queere Bewegungen, Bewegungen für das Recht auf Schwangerschaftsabbruch und körperliche Selbstbestimmung, Bewegungen gegen Versklavung, streikende Arbeitende, streikende Hausfrauen.

Es hat zur Folge, dass wenn wir mit der Phrase *Die Gedanken sind frei!* vertröstet werden sollen, antworten können: Das reicht uns aber nicht! Und wie frei sind die Gedanken, wenn die Körper nicht frei sind?

WARUM ZÄRTLICHKEIT EINE POSTKAPITALISTISCHE ZEITKULTUR BRAUCHT

Ich kenne einen Menschen, der hat einen Garten. Es ist ein kleines widerspenstiges Idyll der Ruhe mitten in der Großstadt. In diesem Garten wächst vieles, was ich nicht kenne. Aber es wachsen auch Tomaten und Auberginen. Die Fleischtomaten sind nicht so rot und prall wie jene im Supermarkt. Sie sind gefleckt und verbeult wie Knie. Die Tomaten sind zart. Sie schmelzen auf der Zunge und hinterlassen ihren Geruch auf meinen Fingern. Sie schmecken nach den Tomaten aus dem Garten meiner Großmutter in Adıyaman. Der Mensch, dem der Garten gehört, verstreut Tag für Tag Keime der Schönheit. Dieser Mensch bringt Schönheit in mein Leben.

Ich habe Zeit. Viel mehr Zeit als andere Menschen – wenn das bedeutet, die Stunden und Minuten zusammenzuzählen, die ich nicht am Schreibtisch oder mit Hausarbeit verbringe. Laut einer Studie von 2011 haben Menschen in Deutschland im Durchschnitt vier Stunden und drei Minuten Freizeit am Tag. Sie verbringen durchschnittlich zwischen 8,9 und 11,6 Stunden pro Woche mit ihren Freund*innen. Je nachdem ob sie Single sind oder nicht, variiert die Summe.

Ich gehöre in beiden Studien zum oberen Durchschnitt. Und dennoch habe selbst ich das Gefühl, zu wenig Zeit zu haben für die Menschen, die mir etwas bedeuten. Die Arbeit gegen Lohn nimmt auch in meinem Leben einen viel zu großen Platz ein. Mir bleibt zu wenig Zeit, um die Schönheit, die der Mensch mit dem Garten in mein Leben und ins Leben anderer pflanzt, wachsen zu sehen, ihn dabei zu beobachten, wie er seine Pflanzen gießt, und ihm dabei unter die Arme zu greifen. Ich habe zu wenig Zeit, die ich mit ihm teilen kann.

Seit Jahren flammen Debatten zur Verkürzung der Arbeitszeit auf, gerade mit Blick auf Angestellte. Katja Kipping, Vorsitzende der Partei Die Linke, fordert etwa die Viertagewoche. Diese mache Beschäftigte »glücklicher, gesünder und produktiver«[67], meint Kipping. Mehrere Studien sprechen für ihre Beobachtung. Wäre diese Reform also die Lösung? Wären Menschen dann glücklicher? Und hätten sie mehr Zeit und Muße, sich einander zuzuwenden? Einander wachsen zu sehen?

Ich befürchte: So einfach ist das nicht. Denn zu der Gefühlskultur, in der wir leben, gehört auch eine Zeitkultur. Im Kapitel über Familie und Fürsorgearbeit habe ich beschrieben, warum die bürgerliche Kernfamilie eine fundamentale Einheit im Kapitalismus bildet: Sie ist kleinteilig und zugleich vereinheitlicht. Sie ist messbar und kalkulierbar. Sie sichert die Reproduktion von Arbeitskräften, der vergeschlechtlichten und rassifizierten Arbeitsteilung.

Ähnlich verhält es sich mit unserem Verständnis von Zeit. In unserer Kultur verstehen wir Zeit als linear. Stunden und Tage werden gleichsam entlang eines Längenmaßes aufgereiht, sortiert und in kleine Portionen geteilt: Arbeitszeit, Freizeit, Me-Time, We-Time. All diese Einheiten scheinen einer bestimmten exklusiven Zweckmäßigkeit zu folgen – und vor allem der Erhaltung der Arbeitskraft: arbeiten, ausruhen, arbeiten, ausruhen. In jeder Zeiteinheit haben wir anders zu funktionieren, damit das System als solches funktioniert.

Der Kapitalismus, wie auch bereits Karl Marx beobachtete, beraubt den Menschen einer seiner wichtigsten Ressourcen: seiner Zeit. Weil sie so wichtig ist, ist sie auch im Austausch mit anderen Menschen besonders wertvoll. Somit ist sie eines der kostbarsten Geschenke, die wir anderen Menschen machen können. Und auch hier beruht der Wert des Geschenks oftmals auf seiner Exklusivität: Je wichtiger ein Mensch scheint, desto mehr Zeit bekommt er, desto weniger Zeit bekommen andere. Auf dieser unausgesprochenen Wahrheit basieren etwa romantische Zweierbeziehungen.

Je mehr Zeit ich mit einem Menschen also verbringe, desto mehr scheint er mir zu bedeuten. So kommt es zu einer Konkurrenz verschiedener Zeitbedürfnisse und zu unterschiedlichen Priorisierungen. Und diese Bedürfnisse haben ja ihre Berechtigung. Denn Intimität braucht Zeit. Doch wie viel Zeit, wie viel exklusive Zeit ist genug? Und was passiert, wenn mir andere Menschen auch viel bedeuten? Was passiert, wenn ich ihre Bedeutung in meinem Leben nicht gegeneinander aufwiegen will?

Die Linearität der Zeit erschöpft mich. Sie bedeutet Druck, Leistungsdruck in allen Bereichen meines Lebens. Selbst in meiner sogenannten Freizeit kann ich das Zählen nicht abstellen. Ich zähle die Minuten und Stunden, die mir übrig bleiben. Ich habe das Gefühl, nicht genug zu sein, nicht genug Zeit zu haben, von der einen Zeiteinheit in die nächste zu stolpern. Die Linearität zwingt mich zu Entscheidungen, die ich nicht fällen will, sie zwingt mich, meine Erfahrungen in eine eindimensionale Erzählung zu weben, manche Begegnungen und Gefühle zu konservieren und andere ganz vertrocknen zu lassen, damit andere überleben können. In jeder Zeiteinheit muss ich einen Teil meiner Realität aufgeben, nicht weil ich das will, sondern weil ich sonst nicht funktioniere.

Ich habe zu wenig Raum für die Gleichzeitigkeit dieser Begegnungen und Gefühle, für die Gleichzeitigkeit von Bedürfnissen, Möglichkeiten, Herausforderungen und Zärtlichkeiten. Damit meine ich nicht etwa, dass Arbeits- und Freizeit weiter verschwimmen sollten, was bei vielen Menschen, die ich kenne, der Wechsel ins Homeoffice während der Coronakrise verschärft hat (und was meist am Ende noch weniger Freizeit bedeutet). Doch eine postkapitalistische Gesellschaft könnte es möglich machen, diese Konkurrenz der Zeiteinheiten aufzuheben sowie den Gegensatz zwischen Arbeit und Freizeit, weil Menschen nicht aus existenzieller Notwendigkeit und in der Angst arbeiten würden, aus der Zeit zu fallen.

In einem weit entfernten Dorf beschließen die Bewohnenden zusammenzukommen, um wichtige Angelegenheiten für das Wohlergehen ihrer Community zu diskutieren. So beginnt eine Erzählung in dem Buch *Woman, Native, Other* der Philosophin Trịnh Thị Minh Hà. Das Treffen wird an einem bestimmten Tag angesetzt, zum Einbruch der Dunkelheit. Als sich der vereinbarte Tag dem Abend neigt, essen die Dorfbewohnenden. Sie waschen sich und brechen erst zur Versammlung auf, wenn sie bereit sind. Die Dinge gehen wie üblich sanft und ruhig vonstatten, schreibt Trịnh, denn die Versammlung beginnt nicht zu einer konkreten Uhrzeit, sondern gleitet ganz organisch in das Alltagsleben der Dorfbewohnenden. Menschen baden ihre Kinder während der Versammlung und flechten einander die Zöpfe. Andere beenden ein Spiel, das sie am Tag begonnen hatten. Das alles hält sie nicht davon ab, sich an der Versammlung zu beteiligen, zuzuhören und miteinander zu sprechen. Sie nähern sich den zu diskutierenden Angelegenheiten mit Vorsicht und Bedacht, würgen einander nicht ab, lassen die Verhandlungen auf sich zukommen. Das Gespräch wird nicht forciert, nicht gelenkt und nicht unterbrochen, so Trịnh. Es bedarf keiner linearen Entwicklung, die nur die Illusion nähren soll, dass jemand weiß, wohin das Ganze führen soll. Zeit und Raum sind keine Einheiten, die außerhalb der Möglichkeiten der Bewohnenden stehen. Niemand hat, spart oder verliert Zeit.

Trịnh Thị Minh Hà spezifiziert in ihrem Buch nicht, ob diese Erzählung auf einer Beobachtung beruht oder ob sie ein Produkt ihrer Fantasie ist. Und letztlich spielt das keine Rolle für die Kraft dieser Utopie. Die beschriebenen Menschen scheinen mir aus der Zeit gefallen zu sein, doch nur weil ich sie aus einem bestimmten Zeitverständnis betrachte. Dabei sind sie eins mit der Zeit. Und auch wenn sie gelegentlich aus der Zeit der anderen herauszufallen scheinen, fallen sie ganz selbstverständlich wieder hinein. Es ist eine Utopie der Gleichzeitigkeit einer postkapitalistischen Gesellschaft, in der die Menschen ineinander aufgehen.

Wer hingegen in unserer Gesellschaft aus der Zeit fällt, verliert: den Job, die Wohnung oder das Aufenthaltsrecht. Wir haben meist nicht einmal den Raum, die Zeit und das Wissen, uns als Teil der Geschichte anderer Menschen zu begreifen, uns in der Wechselseitigkeit mit ihnen zu erfahren – geschweige denn in dieser Gleichzeitigkeit der Perspektiven und Erfahrungen aufzugehen.

Ich träume von einer Gesellschaft, in der wir von der Linearität der Zeit befreit sind. Ich sehne mich danach, mich in einer Kniekehle, einer Armbeuge, in einem Gespräch oder einfach in der Stille einzunisten. Ich sehne mich danach, mich für die Gleichzeitigkeit entscheiden zu können, Zeiteinheiten zu durchkreuzen, Realitäten und Rollen zu verweben und manchmal einfach nichts zu verweben und nichts zu wollen. Ich sehne mich danach, ohne Angst aus der Zeit fallen zu können. Auch gemeinsam. In einem kleinen Garten in Neukölln.

WARUM WIR MEHR VERSPRECHEN SOLLTEN

Ein Versprechen ist eine Handlung, eine Tat mit Folgen. Die Folgen realisieren sich bereits, wenn das Versprechen *ausgesprochen* wird. Es verhält sich ähnlich wie mit dem Jawort bei einer Trauung: Das *Ja* ist die Handlung, die eine gemeinsame Zukunft, eine gemeinsame Realität besiegelt. Das *Ja* ist ein Versprechen, das wie eine Handlung wirkt. Und selbst wenn ich das Versprechen breche, habe ich einen anderen Menschen in eine gemeinsame Wirklichkeit eingebunden. Ich habe mich für den Menschen verantwortlich gemacht und somit den Lauf der Dinge geändert.

Ich glaube zwar nicht an die Heiligkeit der Ehe. Aber ich glaube an die Macht der Versprechen – in romantischen und sexuellen Beziehungen, in Freund*innenschaften, in Familien und anderen Gemeinschaften. Ein Versprechen, das sich Menschen im Vertrauen und Einvernehmen geben, ist der Kern einer politischen Vision. Denn sie können gar nicht anders, als auf eine Vorstellung einer gemeinsamen Zukunft abzuzielen. Wenn ich verspreche, dann handle ich, und wenn ich handle, erschaffe ich etwas Neues – ein Handeln als Neuanfang, das sich statistisch erfassbaren Wahrscheinlichkeiten und Berechenbarkeit entzieht, wie Hannah Arendt es in *Vita activa* beschreibt.

Dabei geht es mir nicht unbedingt um Versprechen, die auf eine Finalität und Endgültigkeit abzielen. Zwar ist »Ich verspreche, dass ich am Sonntag die Wäsche wasche« auch ein Versprechen (vor allem eins, dessen Relevanz in romantischen Beziehungen nicht zu unterschätzen ist), doch meine Vision der Versprechen ist eine Entscheidung zu einer gemeinsamen Arbeit, einem gemeinsamen Prozess des Wachsens, der nicht unbedingt linear sein muss.

Ein Versprechen ist die Entscheidung, einen anderen Menschen als Konstante in das eigene Leben aufzunehmen und nach gemeinsamen Wahrheiten zu suchen. Es ist die Entscheidung, die eigene Gegenwart und Zukunft mit der Gegenwart und Zukunft anderer Menschen zu verweben.

Mir geht es um Versprechen, die uns zu weiteren gemeinsamen Handlungen bewegen. Dann können wir beginnen, »[...] auf eine Weise zu lieben, die das Selbst in seiner Gänze mobilisiert, als eine entscheidende Fähigkeit dafür, mit anderen zusammenzukommen und zu gedeihen«[68], wie Eva Illouz schreibt. Das Versprechen ist eine menschliche und kulturelle Ressource für politische Veränderungen. Ich will mehr Versprechen – keine leeren Versprechen, sondern solche, die uns aus einer gegenseitigen Verantwortung heraus mobilisieren.

WARUM WIR DIE VISION EINER QUEEREN GESELLSCHAFT BRAUCHEN

In diesem Buch ließe sich kaum ein spannender Gedanke finden, wenn es nicht all die queeren, jüdischen, Schwarzen, antikapitalistischen und anderen Autor*innen gäbe, die seit Jahrzehnten unermüdlich an der Utopie eines radikal neuen Miteinanders arbeiten, das sich für alle vielfältig gestalten kann.

Erstens gehört dazu etwa die Idee, Zärtlichkeit in polygamen oder polyamoren Beziehungen und Familien neu organisieren zu können. Die queere Familie zeichne sich auch dadurch aus, dass dort Intimität auf viele verteilt werden könne, schreibt Peter Weissenburger in seiner *taz*-Kolumne über queeres Begehren (mit dem wunderbar zweideutigen Titel *Kuscheln in Ketten*). Er fährt fort: »Die Person, mit der ich wohne, die, mit der ich ein Kind habe, die, mit der ich schlafe, und die, mit der ich kuschle, sind [sic!] nicht zwangsläufig dieselbe – anders als in der romantischen Zweierbeziehung und anderen heteronormativen Modellen. Und wenn Sie jetzt sagen: ›Moment! Ich bin hetero und bei mir ist das zum Teil aber auch so!‹, na dann sind Sie eben auch ein bisschen queer und verstehen vielleicht besser, was ich meine.«[69]

Zweitens: die Idee – einer der Kerngedanken von Queerness –, Geschlechtsidentität nicht als etwas zu verstehen, das in Stein gemeißelt ist, nicht als Natur und nicht als biologische Wahrheit. Stattdessen werden Geschlechtszuschreibungen als kulturelle Kategorien betrachtet. Das bedeutet nicht, dass sie beliebig austauschbar wären, dass alle Menschen ihre Geschlechtsidentitäten wechseln können wie ein Paar Socken. Denn durch Gesetze, Sprache und sonstige Normierungen werden diese Vorstellungen von Geschlecht in die Körper eingeschrieben, bereits lange vor der Geburt. Ein Neugeborenes kommt folglich nicht als Neugeborenes auf die Welt, sondern es wird als Mädchen oder Junge einsortiert. Es wird als solches bereits im Bauch der gebärenden Person eingestuft. Es kommt in eine Welt, in der Menschen ihm auf eine bestimmte Art begegnen, weil es ein Mädchen oder ein Junge sein soll, Namen geben, bestimmte Erwartungen hegen – Erwartungen, die ich damals in einem Gebärzimmer im April 1992 in Köln-Porz zumindest für ein Weilchen durchkreuzte, weil, na ja, meine Intimorgane sich anders als vermutet entpuppten. Und trotz dieses kurzen Moments der Irritation wurde die Geschlechtszuweisung, die mich nach meiner Geburt ereilte, auch Teil meiner sozialen Realität.

Die Antwort auf die Frage, ob sich ein Mensch als Frau oder Mann versteht, wie Menschen sich kleiden, ausdrücken oder politisch verorten sollen, verstehen queere Theorien also als Produkt eines sozialen Prozesses, der mit vielen anderen Prozessen zusammenläuft, in denen Menschen lernen, sich selbst als Teil dieser Gesellschaft zu verstehen: mit Prozessen von Herkunftszuschreibungen, Klassenzugehörigkeit und vielen mehr. Und das ist der Angelpunkt des Ganzen: Diese Prozesse sind keine unumstößlichen Schicksale. Prozesse sind Systeme von Bewegungen und Entwicklungen, die unterbrochen werden können. Sie können aufgehalten werden. Durchkreuzt und sabotiert – ähnlich wie die Arbeitenden seit Jahrhunderten die Sabotage als eine der wichtigsten Formen des Widerstands nutzen, indem sie etwa die Maschinen in den Fabriken zum Erliegen bringen – mal durch die Lockerung einer Schraube, mal durch einen Fremdkörper im Zahnrad –, um sich zumindest für einige Minuten selbstbestimmt der Herrschaft der Zeit und des Lohns zu entziehen.

Und in diesen Räumen des Widerstandes und des Sich-befreit-Habens – sollten sie auch nicht von unendlicher Dauer sein – können im Kollektiv Ideen entstehen und wachsen, die vielleicht Antworten auf grundlegendere Fragen geben: Wie können wir die Fabrik als solche übernehmen? Oder wollen wir sie gleich dem Erdboden gleichmachen?

»Queere Liebe ist revolutionär«, schreibt Jas M. Morgan, in Kanada lebende*r Autor*in indigener Cree-Métis-Saulteauxer Herkunft. In dem Essayband *Nîtisânak* erzählt Morgan mitunter von Traumata als Teil von indigenen und zugleich queeren Communities, von Widerständen und der Suche nach Heilung. »Nennt mich romantisch oder behauptet, dass Traumabindungen verwerflich sind. Aber heißt Liebe im Kern nicht einfach, gesehen, gehört und verstanden zu werden? Alle meine queeren und trans NDN-Freund*innen sind traumatisiert. Haben wir nicht auch Liebe verdient, gemeinschaftliche Bindungen, ganz unabhängig von der Qualität der Zuwendung, die wir selbst geben oder erfahren können?«

All die Konzepte von sicheren Räumen, von machtkritischer sowie traumasensibler Kommunikation sind queere Konzepte. Lesb*innen, genderfluide, nichtbinäre, trans Menschen und andere visionäre Queers haben sie aus der Notwendigkeit des Widerstandes gegen die Gewalt einer Ordnung erschaffen, die

Begehren und Intimität entlang einer cis, hetero, sexuellen und romantischen Norm definiert – und gegen die Gewalt von cis, hetero und anderen Menschen, die diese Ordnung verteidigen.

Cis Menschen wie ich profitieren Tag für Tag von diesem queeren Verständnis von Liebe und Intimität als Ergebnis (gleichberechtigter) Aushandlungsprozesse. Dieses Buch atmet im Schatten dieser queeren Utopie, einer Utopie, in der die historisch gewachsenen hierarchisierenden Binaritäten und Polaritäten – Mann vs. Frau, hetero vs. homo, gleich vs. anders – nicht mehr die Koordinaten sind, entlang derer wir uns und andere Menschen verstehen wollen.
Und es sind gerade cis Menschen wie ich, die ihren Teil zu dieser revolutionären queeren Utopie beitragen müssen, indem wir uns solidarisieren, queere Identitäten und queere Liebe als politische Forderung und als Teil aller politischen Widerstände verstehen. Immer. Und überall.

RADIKALE ZÄRTLICHKEIT

Ich bin in einer Krise. Ich bin in einer Krise der Wahrheiten und Gegenwarten. Hier ist es unordentlich. Und diese Unordnung wird anhalten.

Die Unordnung ist der Ursprung dieses Buchs. Und sie ist sein Ziel. Die Unordnung ist auch der Ursprung einer radikalen Zärtlichkeit. Und die radikale Zärtlichkeit ist Grund meines Handelns und mein Handwerk.

Die Unordnung macht Raum für Utopien. Ich halte an Utopien fest, an neuen Politiken, neuen Gesellschaften, neuen Sprachen und neuen Bildern, weil ich weiß, dass wir sie brauchen. Auf Utopien hinzuarbeiten ist meine Art, pragmatisch zu sein. Den Pragmatismus, den habe ich von meinen Eltern.

Die Unordnung macht mir manchmal Angst. Und damit bin ich nicht alleine. Doch wir können die Angst überwinden, gemeinsam als Partner*innen, Freund*innen, als Verbündete. Ich halte sie aus. Wir halten sie aus. Wenn wir Angst haben, brauchen wir keine tradierten Ordnungen, an die wir uns klammern. Wir brauchen uns.

DANK

Ich danke Elif Küçük für alles, zu dem sie mich bewegt und inspiriert, für ihren Scharfsinn, ihre Freund*innenschaft und ihre Kunst, die dieses wunderbare Buchcover hervorgebracht hat.

Ich danke Thomas Spies für all die Gespräche, den Trost, jede Herausforderung und jedes zärtliche Wort.

Ich danke Cihan Sinanoğlu, Felicia Ewert, Konrad Wolf, Nicole Schöndorfer und Yusuf Can Göktürk für ihre kluge und unerlässliche Kritik, an der ich und dieses Buch wachsen durften.

Ich danke meiner Lektorin Judith Schneiberg, meiner Agentin Gila Keplin sowie Nannette Elke vom HarperCollins Verlag für die unermüdliche Unterstützung und die große Freiheit zum Denken und Schreiben.

Und ich danke meiner Mutter, meiner Schwester und meinen Freund*innen für das Vertrauen und die Wärme, die mich durch das Leben tragen.

ANMERKUNGEN

1 Unsichtbares Komitee, *Jetzt*, Nautilus Flugschrift, Hamburg 2017, S. 49.
2 Eva Illouz, *Warum Liebe weh tut*, Suhrkamp 2016, S. 537.
3 bell hooks, *Communion*, HarperCollins 2002, S. 157.
4 www.tagesschau.de/inland/coronakrise-gewalt-101.html
5 www.br.de/puls/themen/leben/rassismus-in-der-sprache-100.html
6 WAHRIG Fremdwörterlexikon
7 Felicia Ewert, *Trans. Frau Sein.*, Edition Assemblage 2020, S. 36.
8 Judith Butler, *Psyche der Macht*, Suhrkamp 2001, S. 25.
9 Eva Illouz, *Der Konsum der Romantik*, Suhrkamp 2007, S. 180.
10 Friedrich Engels, *Grundsätze des Kommunismus*, Marx-Engels Werke, Band 4, S. 361–380; Dietz Verlag Berlin.
11 Platon, *Symposium*, 191d.
12 Margarete Stokowski, *Untenrum frei*, Rowohlt, 2018, S. 170.
13 Erich Fromm, *Die Kunst des Liebens*, Manesse Verlag, 2000, S. 79.
14 ebd. S. 49.
15 ebd. S. 54.

16 ebd. S. 47.

17 ebd. S. 27.

18 René Descartes, *Meditationes de prima philosophia*, 1641.

19 Eva Illouz, *Warum Liebe weh tut*, Suhrkamp 2016, S. 33.

20 www.deutschlandfunkkultur.de/rechtfertigung-von-sklaverei-und-gewalt-die-dunkle-seite.2162.de.html?dram:article_id=481603

21 Simone de Beauvoir, *Das andere Geschlecht*, Rowohlt 2008, S. 13.

22 Eva Illouz, *Der Konsum der Romantik*, Suhrkamp 2007, S. 212.

23 www.bpb.de/izpb/280672/wir-und-die-anderen-europaeische-selbstverstaendigungen#:~:text=%22Zivilisierungsmissionen%22,%5BRassen%5D%20zu%20zivilisieren%22

24 Ali Ghandour, *Liebe, Sex und Allah*, C. H. Beck 2018, S. 37.

25 www.welt.de/politik/deutschland/article109544417/Polygamie-in-der-Migranten-Parallelgesellschaft.html

26 http://copyriot.com/diskus/06-1/theorie_der_polysexuellen_oekonomie.htm

27 Eva Illouz, *Warum Liebe weh tut*, Suhrkamp 2016, S. 36.

28 https://ze.tt/polizei-sucht-auf-instagram-nach-einer-frau-in-die-sich-ein-kollege-verliebt-hat-und-das-ist-ein-problem/

29 Eva Illouz, *Warum Liebe weh tut*, Suhrkamp 2016, S. 363.

30 https://www.lemonde.fr/idees/article/2018/01/09/nous-defendons-une-liberte-d-importuner-indispensable-a-la-liberte-sexuelle_5239134_3232.html

31 www.bka.de/DE/AktuelleInformationen/StatistikenLagebilder/Lagebilder/Partnerschaftsgewalt/partnerschaftsgewalt_node.html

32 https://www.tagesschau.de/investigativ/report-muenchen/verurteilungen-vergewaltigung-101.html

33 https://missy-magazine.de/blog/2020/03/17/coole-lockere-sache/

34 Alice Hasters, *Was weiße Menschen nicht über Rassismus hören wollen*, Hanser 2019, S. 156.

35 Ebd. S. 157.

36 www.gb-check.de/SharedDocs/Downloads/DE/publikationen/Expertisen/Expertise_Diskriminierungserfahrungen_in_Deutschland.pdf%3F__blob%3DpublicationFile%26v%3D5

37 www.queer.de/detail.php?article_id=9349 www.maenner.media/gesellschaft/studie-bisexuelle-schwule-trans-lesbens-depressionen/

38 www.dpv-psa.de/fileadmin/downloads/Wissenschaft/Kultur workshop/Frevert_Faszination_und_Verfuehrung__Vortrag__DPV-_Kulturworkshop_2014.pdf

39 Christina Thürmer-Rohr, *Fremdheiten und Freundschaften*, Transkript 2019, S. 93.

40 Eva Illouz, *Warum Liebe weh tut*, Suhrkamp 2016, S. 391.

41 Christina Thürmer-Rohr, *Fremdheiten und Freundschaften*, Transkript 2019, S. 94.

42 Norbert Elias, *Symboltheorie*, Suhrkamp 2001, Band 13.

43 Roland Barthes, *Fragmente einer Sprache der Liebe*, Suhrkamp Taschenbuch 2019, S. 38

44 Christina Thürmer-Rohr, *Fremdheiten und Freundschaften*, Transkript 2019, S. 100.

45 »Diskurs, Medien und Identität« von Johanna Dorer, erschienen in *Feministische Kommunikations- und Medienwissenschaft*, hrsg. von Johanna Dorer und Brigitte Geiger, Springer VS 2002, S. 54

46 Roland Barthes, *Fragmente einer Sprache der Liebe*, Suhrkamp 2019, S. 16.

47 www.jetzt.de/glotzen/the-female-gaze-frauenfreundschaften-in-film-und-serien

48 https://www.youtube.com/watch?v=7wsHjT8sPi4&feature=youtu.be

49 https://sz-magazin.sueddeutsche.de/literatur/frauen-literatur-schullektuere-88783?reduced=true

50 www.diw.de/de/diw_01.c.793802.de/publikationen/wochen

berichte/2020_29_1/millionaerinnen_unter_dem_mikroskop__datenluecke_bei_sehr_ho___geschlossen______konzentration_hoeher_als_bisher_ausgewiesen.html

51 https://www.proasyl.de/hintergrund/die-huerden-beim-familiennachzug/

52 Vgl.: https://www.fluter.de/welche-bedeutung-hat-wohnen

53 https://caringlabor.wordpress.com/2010/10/20/nicole-cox-and-silvia-federici-counter-planning-from-the-kitchen/

54 Julia Fritzsche, *Tiefrot und radikal bunt*, Nautilus Flugschrift 2019

55 www.west-info.eu/files/vedove.pdf

56 Christina Thürmer-Rohr, *Fremdheiten und Freundschaften*, Transkript 2019, S. 93.

57 www-mag.de/debatten/beitrag/die-menschliche-hand

58 www.ksta.de/kultur/phil-cologne-weltschmerz-beim-ampelwarten-798230

59 Eva Illouz, *Cold Intimacies*, Polity Press, London, 2007.

60 https://thecreativeindependent.com/people/artist-and-educator-mandy-harris-williams-on-getting-everyone-the-love-they-deserve/?ref=ksr_tci

61 Hannah Arendt, *Vita activa*, Piper 2002, S. 299.

62 Eva Illouz, *Warum Liebe weh tut*, Suhrkamp 2016. S. 557.

63 https://blog.zwischengeschlecht.info/public/Audre_Lorde_Gigi11.pdf

64 France Culture, 21. Dezember 1966: www.youtube.com/watch?v=lxOruDUO4p8

Verschriftlicht in dem Buch *Die Heterotopien. Der utopische Körper*, Suhrkamp 2019.

Dazu muss gesagt werden, wie Foucault an dieser Stelle Utopien versteht: als einen tatsächlichen Nicht-Ort im wortwörtlichen Sinne, einen Raum, einen Ort, der nicht direkt zu dieser Welt gehört. Für Foucault ist der Körper der »Nullpunkt« der Welt, der Ort, an dem Wege und Räume sich kreuzen, S. 34.

65 Trịnh Thị Minh Hà, *Woman, Native, Other*, Indiana University Press, 1989, S. 36.

66 In: Audre Lorde, *Your Silence will not protect you*, Silver Press, 2017, S. 22–31.

67 www.faz.net/aktuell/wirtschaft/work-life-balance-katja-kipping-will-eine-vier-tage-woche-16869994.html

68 Eva Illouz, *Warum Liebe weh tut*, Suhrkamp 2016, S. 553.

69 https://taz.de/Kuscheln-und-Sex-in-Corona-Zeiten/!5669028/